Georg Magirius

Mit 100 Fragen durch die Bibel

W0415939

EVANGELISCHE VERLAGSANSTALT
Leipzig

Die Deutsche Bibliothek – Bibliographische Information
Die Deutsche Bibliothek verzeichnet diese Publikation in der Deutschen Nationalbibliographie; detaillierte bibliographische Daten sind im Internet über http://dnb.ddb.de abrufbar.

© 2008 by Evangelische Verlagsanstalt GmbH, Leipzig
Printed in Germany · H 7204
Alle Rechte vorbehalten
Gesamtgestaltung: Mario Moths, Marl
Coverbild: getty images
Druck und Binden: Clausen & Bosse, Leck

ISBN 978-3-374-02583-1
www.eva-leipzig.de

Mit 100 Fragen durch die Bibel

Vorwort

Fragen sind aufregender als Antworten. Das wird mir immer klar, wenn ich Menschen treffe, die auf alles eine Antwort haben. Erst beeindrucken sie mich, doch bald schon gehen sie mit ihrem pausenlosen Wissen auf die Nerven. Sie staunen nicht mehr, Neugier und Sehnsucht sind verflogen. Ich selbst will vom Fragen nicht die Finger lassen. Wer nicht auf alles eine Antwort hat, kann Neues entdecken. Das erlebe ich besonders bei der Bibel.

Ich wage das Abenteuer, mit 100 Fragen durch die Bibel zu kommen, Schritt für Schritt: von der Erschaffung der Welt bis zu dem Tag, an dem Gott alle Tränen abwischen will. Vom Fragen gerate ich ins Erzählen. Ich lasse die Bibel im Originalton zu Wort kommen, weil ich mich ihr leidenschaftlich verpflichtet fühle. Das Klassische wird indes auch ungewohnt klingen, ich konfrontiere das Überlieferte mit heutiger Sprache. So erscheint im Biblischen die Gegenwart, und die Gegenwart klingt mit einem Male biblisch. Die Antworten, die ich auf die 100 Fragen gebe, sind kein ehernes Gesetz, sie laden ein zum Weiterfragen. Wer immer weiterliest, wird mit dem Staunen an kein Ende kommen.

Georg Magirius

Warum in der Bibel lesen?
Eine betörende Bibliothek

Dank ihrer Existenz werden historische Forschungsaufträge kein Ende nehmen. Sie ist ja mehr als nur ein Buch, eher eine Bibliothek, in der sich viele Bücher versammelt haben. In einem Zeitraum von etwa 1000 Jahren wurde sie verfasst, kaum zu zählende Autoren haben an ihr mitgeschrieben. Weltreiche kamen und gingen, während sie entstand. Deshalb allein die Bibel aufzuschlagen, halte ich jedoch für fade. Historische Erklärungen helfen, die Bibel zu verstehen. Nur wittere ich dabei stets die Gefahr einer Museumsführung, in der Jahreszahl auf Jahreszahl geschichtet wird. Staubtrocken ist das – und ich muss husten. Bei solchen Führungen schiele ich bald schon nach der Cafeteria. Nein, zu schade wäre es, dieses Buch den Historik-Freaks zu überlassen.

Die Bibel erfrischt mit ungeheurer Lebenskraft. Wenn ich in ihr lese, entdecke ich immer neue Rätsel und manchmal denke ich: Sie scheint sich geradezu lustvoll in Widersprüche zu verwickeln, was äußerst sympathisch ist. Denn wer hat selbst schon ein Leben ohne Widersprüche anzubieten? Sie ist eben keine Besserwisserin, kein Katechismus, der die Welt auf Formeln reduziert. Sie glänzt mit Gegensätzen, Seltsamkeiten und Kuriositäten. In ihr wird meisterhaft erzählt – und das ohne Zeigefinger.

Warum ist dieses unterhaltsame Werk dann aber zuweilen als langweilig verschrien? Weil man in ihr das Überraschende nicht mehr erwartet. Oft hat man sich auf eine bestimmte Bibelsicht geeinigt. Und das ist ein schlechter und leider oft gewohnter Kirchenklang. Man wiederholt das Immergleiche unermüdlich, bis man es mit der Bibel selbst verwechselt. Nein, immergleich ist die Bibel nicht. Bücher mit zuweilen gegensätzlichen Aussagen wurden in ihr aufgenommen – und das mit voller Absicht. Wenn Gott lebendig ist, dann kann das

Buch, das ihn entfalten will, sich nicht mit grauem Einheitseinerlei begnügen. Vielfarbigkeit ist sein Markenzeichen. Die Bibel liebt es zu provozieren, sie ärgert und will zugleich verwickeln. Die Heilige Schrift schämt sich der Verzweiflung nicht und irritiert mit Freudenschreien. In ihr treten Glaubenshelden auf, viel lieber aber noch Verbrecher, Clowns und ganz normale Menschen. Dem Alltag weiß sie sich verpflichtet und ist erschreckend realistisch. Das Träumen aber verrät sie nicht, weil der Schmerz zum Nährboden der Sehnsucht wird.

Die Bibel liebt die Offenheit. Kaum lassen sich zwei Menschen finden, die in einer biblischen Geschichte haargenau dasselbe lesen. Niemand weiß, welche Haarfarbe Eva hatte. Und der Körperbau von Jesus ist nicht überliefert. Zum Glück! Denn ewige Erklärungen nerven. Eine wohlüberlegte Sparsamkeit macht dieses Werk reich – und auch die Leser, die sich von ihrem stets erneuernden Klang betören lassen. Wer zwischen ihren Zeilen stöbert, wird aufgeweckt. Und die Phantasie entdeckt ihre Flügel wieder.

Mann oder Frau – wer war zuerst da?
Gott entdeckt das entscheidende Puzzleteil (1Mose 2)

„An erster Stelle steht Gott", verkünden seit Jahrhunderten viele kluge Männer. Und weil diese Männer sich so weise fühlen, setzen sie sich auf dem Treppchen der Wichtigkeit nach Gott gleich an die zweite Stelle – was sie heutzutage meistens nur noch leise sagen. Die Frauen positionieren sie an dritter Stelle. „Immerhin noch Bronze", trösten sie. Wer mehr will, habe eben Pech gehabt. „Schon in der Bibel steht: Die Frau ist nach dem Mann erschaffen." Und zugegeben: In der Schöpfungsgeschichte, in der sich Gott als Chirurg betätigt, heißt es: *Da ließ Gott der HERR einen tiefen Schlaf fallen auf den Menschen, und er schlief ein. Und er nahm eine seiner Rippen und schloss die Stelle mit Fleisch. Und Gott der HERR baute ein Weib aus der Rippe, die er von dem Menschen nahm. Da sprach der Mensch: Das ist doch Bein von meinem Bein und Fleisch von meinem Fleisch; man wird sie Männin nennen, weil sie vom Manne genommen ist.* (1Mose 2,21-23) Stolz kann sich der Mann auf die Brust schlagen – pardon: Schulter wäre nach dem heftigen Eingriff in der Rippengegend angebrachter: „Seht!", fühlt sich das männliche Geschlecht bestätigt: „Wir also sind zuerst."

In den selbstgewissen Jubel hinein sind Fragezeichen zu setzen. Schließlich wird Adam erst dann Mann genannt, als die Frau erschaffen ist. Zuvor wird er schlicht als Mensch bezeichnet. Genau das heißt der Name Adam auch zu Deutsch: Mensch. *Da machte Gott der HERR den Menschen* – also nicht den Mann! – *aus Erde vom Acker und blies ihm den Odem des Lebens in seine Nase.* (1Mose 2,7) „Ziemlich spitzfindig", mögen manche sagen: „Adam lässt sich von seinem Namen unabhängig als Mann erkennen, von Anfang an! Sonst wäre ihm als Gegenüber doch keine Frau erschaffen worden." Das ist bedenkenswert. Aber einmal angenommen, die Bibel hat Adam sofort als Mann gesehen, so lässt sich trotzdem nicht verschweigen: Dieser erste Versuch scheint Gott nicht sonderlich geglückt zu sein. Kaum ist Adam auf der Welt, überfällt dieses Wesen eine tiefe Ödnis. Allein mit sich, ist es unfähig der Langeweile zu entfliehen. Also beginnt Gott wie wild zu schuften, *machte aus der Erde alle die Tiere auf dem Felde und alle die Vögel unter dem Himmel und brachte sie zu dem Menschen, dass er sähe, wie er sie nennte; denn wie der Mensch jedes Tier nennen würde, so sollte es heißen.* (1Mose 2,19) Gott schaut dieser Namensfinderei tagelang zu. Bei all den Tierarten werden sich vor Adam unendlich lange Warteschlangen gebildet haben. Der Namensgeber verausgabt sich total, doch Nähe entdeckt er nicht. *Für den Menschen ward keine Gehilfin gefunden, die um ihn wäre.* (1Mose 2,20) Gott musste sich eingestehen: Um Adams Überdruss zu verwandeln, war auch dieser Versuch fehlgeschlagen. Da lässt Gott den müden Adam schlafen. Die Rippe wird entnommen, aus eins mach zwei. Gott entdeckt die Frau – und damit das entscheidende Puzzleteil, nach dem er die ganze Zeit forschte. Erst jetzt findet die Geschichte von der Erschaffung der Welt ein Ende. Und damit stellt sich die Frage plötzlich umgekehrt: Ist die Frau am Ende wichtiger als der Mann?

Darauf antwortet eine Geschichte, die ebenfalls schildert, wie Gott die Welt erschaffen hat. Einige Jahrhunderte nach der Erzählung mit der Rippe ist sie aufgezeichnet worden und steht in der Bibel auf Seite eins. In der Frage der Geschlechter urteilt sie salomonisch. *Gott schuf den Menschen zu seinem Bilde, zum Bilde Gottes schuf er ihn; und er schuf sie als Mann und Frau.* (1Mose 1,27) Hier sind Mann und Frau gleichzeitig entstanden. Beide sind ein Bild Gottes, ihm also ähnlich. Das könnte heißen: Gott riss sich zwei Rippen aus dem Leib, schuf Mann und Frau, damit er nicht alleine sei. Eine Vorstellung, die wie eine Sehnsucht klingt: Gott, Mann und Frau sind sich ähnlich und wollen gemeinsame Sache machen. Niemand kämpft mehr um Platz eins.

Wer ist schuld, dass die Tür zum Paradies geschlossen wurde?
Eva, Adam und der Apfel (1Mose 3)

Es war wie in Watte baden, dösen oder genussvolles Spazierengehen. Als Adam und Eva, die ersten Menschen, im Garten Eden lebten, gab es keinerlei Probleme. Vollpension! Das Essen wuchs auf Bäumen. Wäsche waschen, an die Leine hängen, um sie dann zu bügeln – das war alles überflüssig. Kein Kinderplärren störte. Selbst das Kleiderkaufen war nicht nötig, denn die Menschen waren nackt. Es gab weder Scham noch Kälte.

Kein Grund, das gemütliche „Elternhaus“, den Garten Eden, zu verlassen – wenn die Schlange nicht gewesen wäre. *Sie sprach zu dem Weibe: Ja, sollte Gott gesagt haben: ihr sollt nicht essen von allen Bäumen im Garten?* (1Mose 3,1) Stimmt genau, Gott ist kein Miesepeter, entgegnete Eva: *Wir essen von den Früchten der Bäume im Garten.* Dann musste sie aber eingestehen: *Von den Früchten des Baumes mitten im Garten hat Gott gesagt: Esset nicht davon, rühret sie auch nicht an, dass ihr nicht sterbet!* Die Schlange, die Kluge, schien freilich mehr zu wissen: *Ihr werdet keineswegs des Todes sterben, sondern Gott weiß: an dem Tage, da ihr davon esset, werden eure Augen aufgetan.* (1Mose 3,4.5) Das klang verlockend. Und Eva? Sie war angetan von der Idee, diesen ewigen Nebelschleier vor ihren Augen zu zerreißen. Sie aß von der Frucht – und gab auch ihrem Mann davon. *Da wurden ihnen beiden die Augen aufgetan, und sie wurden gewahr, dass sie nackt waren, und flochten Feigenblätter zusammen und machten sich Schurze.* (1Mose 3,7)

Am Abend promenierte Gott durch den kühlen Garten. Adam versteckte sich, Gott fand ihn jedoch und stellte ihn zur Rede. Sofort musste Adam petzen: *Das Weib, das du mir zugesellt hast, gab mir von dem Baum, und ich aß.* (1Mose 3,12) Wie tückisch – denn Adam sagt damit indirekt: „Das war doch deine Idee, verehrter Gott, diese Eva zu erschaffen – also bist du selber schuld!“ Gott dachte sich seinen Teil und führte die Detektivarbeit fort. Ergebnis: Den Stein ins Rollen gebracht hatte die Schlange, Frau und Mann aber waren mitbeteiligt. Alle wirft Gott aus dem Paradies. Für die Schlange, die sich eben noch aufrecht bewegte, gilt: *Auf deinem Bauche sollst du kriechen und Erde fressen dein Leben lang.* (1Mose 3,14) Und die Menschen? Sie sind von nun an sterblich. Mit Schmerzen wird die Frau Kinder kriegen. Adam muss zwischen Dornen und Disteln ackern: *Im Schweiße deines Angesichts sollst du dein Brot essen.* (1Mose 3,19)

Aber wer war denn nun genau schuld, dass die Tür zum Paradies geschlossen wurde? Zuerst die Schlange, weil sie die Frau in die Klugheit lockte. Dann die Frau, weil sie sich betören ließ. Schließlich der Mann, weil er alles mit sich machen ließ. Aber was heißt schon Schuld – vielleicht ist der angebliche Sündenfall in Wirklichkeit ein Glücksfall? Denn ohne den Geschmack der Klugheit wüsste bis heute niemand, was hinter der Mauer des Gartens ist. Zugegeben, die nackte Unschuld ist verloren. Sie lebt nur weiter als Sehnsucht nach Geborgenheit. Dafür steht die Welt den Forscherinnen und Abenteurern frei. Bedeckt können die Menschen jetzt auch sich selbst entdekken, Scham und Lust sorgen für rote Köpfe. Der Mensch ist aus dem Dösen aufgewacht, zeigt sich nicht mehr mit allem einverstanden und kann Gott auch mal die Meinung sagen.

Wer aber führte den Menschen in die Mündigkeit? Wichtig war die List der Schlange, ihr rhetorisch-lockendes Geschick. Die Neugier Evas war treibend. Auch Gott hatte seine Hand im Spiel, weil er sein Essensverbot nicht ständig kontrollierte. Eher blass dagegen wirkt Herr Adam, dem Eva die Frucht weiterreichte. Er wurde nur deshalb erwachsen, weil seine Frau ihn nicht vergaß.

FRAGE 004

Wieso muss der Mörder Kain nicht hinter Gitter?
Zwei Brüder und die Willkür Gottes (1Mose 4)

Der erste Mord, von dem die Bibel weiß, ist ein Brudermord. Und Gott selbst hatte dabei seine Hand im Spiel. Kain war Bauer, sein Bruder Abel Schäfer. Beide waren zu Gott freundlich und bereiteten ihm ein Opfer. *Und der HERR sah gnädig an Abel und sein Opfer, aber Kain und sein Opfer sah er nicht gnädig an. Da ergrimmte Kain sehr und senkte finster seinen Blick.* (1Mose 4,4.5) Beide hofften auf ein Lächeln Gottes. Die göttliche Gunst traf freilich nur einen, was fast täglich zu erleben ist. Zwei lernen mit gleichem Eifer. Die eine schafft die Prüfung, der andere fällt durch. Zwei verlieben sich mit gleicher Phantasie und großer Hoffnung. Der eine wird geliebt, die andere wird abgewiesen. Gott kann eben schrecklich parteiisch sein. Und dann stellt er Kain auch noch oberlehrerhaft zur Rede: *Warum ergrimmst du? Und warum senkst du deinen Blick? Ist's nicht also? Wenn du fromm bist, so kannst du frei den Blick erheben.* (1Mose 4,6.7) Erst verweigert Gott sich Kain – und dann soll dieser auch noch fröhlich schauen. Damit hat Gott dem Abgewiesenen den Rest gegeben. Der beginnt zu streiten – aber nicht mit Gott. *Da sprach Kain zu seinem Bruder Abel: Lass uns aufs Feld gehen! Und es begab sich, als sie auf dem Felde waren, erhob sich Kain wider seinen Bruder Abel und schlug ihn tot.* (1Mose 4,8) Das ist schrecklich – sonst nichts. Alles Weitere kommt zu spät.

Nun aber beginnt Gott, der Rätselhafte, sich zu wandeln. Endlich! Er wendet sich Kain zu – fluchend zwar, doch immerhin: *Wenn du den Acker bebauen wirst, soll er dir hinfort seinen Ertrag nicht geben. Unstet und flüchtig sollst du sein auf Erden.* (1Mose 4,12) Schließlich beginnt auch Kain mit Gott direkt zu sprechen: Die Strafe sei zu schwer. *Du treibst mich heute vom Acker, und ich muss mich vor deinem Angesicht verbergen und muss unstet und flüchtig sein auf Erden. So wird mir's gehen, dass mich totschlägt, wer mich findet.* (1Mose 4,14) Da lässt sich Gott erweichen. Vielleicht ahnt er, dass er selbst Motiv und Ausgangspunkt für den Mord gewesen ist. Kain jedenfalls muss nicht hinter Gitter. Schlimm genug: Von nun an ist er ein Getriebener, der keine Ruhe findet. In seiner Angst soll Kain sich aber nicht verfangen. *Und der HERR machte ein Zeichen an Kain, dass ihn niemand erschlüge, der ihn fände.* (1Mose 4,15)

Warum wechselt Noah ständig den Beruf?
Die Sintflut (1Mose 5-8)

Lamech hielt große Stücke auf ihn. „Mein Sohn Noah wird ein großer Bauer werden“, war er sich sicher: *Der wird uns trösten in unserer Mühe und Arbeit auf dem Acker.* (1Mose 5,29) Es kam anders. Nicht dass Noah den Beruf des Bauern blöde fand oder bei der Ernte trödelte, nein: Er war ein verlässlicher Ackersmann. Dem biblischen Urteil zufolge war er gar ein Musterknabe: *Noah war ein frommer Mann und ohne Tadel.* (1Mose 6,9) Fein wird er Gottes Schöpfung beackert haben. Sie war zugleich der Grund für die dramatische Wende in Noahs beruflicher Karriere. Gott erkannte, dass sich seine Schöpfung nicht gerade von der besten Seite präsentierte, dass *der Menschen Bosheit groß war auf Erden und alles Dichten und Trachten ihres Herzens nur böse war immerdar.* (1Mose 6,5)

Das Urteil Gottes irritiert. Schließlich war er von seinen Schöpfungswerken vor nicht allzu langer Zeit noch hingerissen. „Gut ist es“, hatte er an jedem zweiten Abend seiner Schöpfungstage bilanziert. Und am Ende seiner Arbeitswoche klopfte er sich kräftig auf die Schulter: *Und siehe, es war sehr gut.* (1Mose 1,31) Aber jetzt: Nur wenige Generationen Menschen hat die Schöpfung auf dem Buckel, da beschließt der Urheber des Lebens, genau dieses auszurotten. Ob Gott nicht immer weiß, was er letzten Endes will? Es erinnert an ein Kind, das einen Turm aus Klötzen baut. Vorsichtig und liebevoll setzt es die bunten Steine aufeinander. Und wenn der Turm umfällt, wirft der Erbauer die Steine wütend in die Ecke. Wenigstens um eines seiner Geschöpfe tat es Gott leid, um Noah. Er wurde von der Tilgung allen Lebens ausgenommen, musste dafür jedoch den Beruf des Bauern an den Nagel hängen.

Gott sagte ihm: *Mache dir einen Kasten von Tannenholz und mache Kammern darin und verpiche ihn mit Pech innen und außen.* (1Mose 6,14) Drei Stockwerke hoch sollte der Kasten, auch Arche genannt, werden. Sage und schreibe jede Tierart, die es auf der Erde gab, würde als Paar darin ein Plätzchen finden. Welch ein Klotz an fachfremder Arbeit für einen Mann, der sich bislang dem Bepflanzen und Beackern der Erde gewidmet hatte. Schon bald sollte er diese nicht mehr unter seinen Füßen haben. Denn Gott ließ eine Sintflut kommen, 40 Tage regnete es. Des einstigen Bauern geliebte Erde wurde von Wasser überflutet. Was darauf lebte, ging in den Fluten unter. Nur was schwamm, das blieb: Es war der Kasten, den Noah gezimmert hatte. Mit den Tieren, mit seiner Frau, seinen Söhnen und deren Frauen schaute er dem Regen zu. Nichts als Wasser. Als es sich ausgeregnet hatte, noch immer: Wasser ohne Ende. Auf Gottes Willen hin hatte Noah seinen erlernten Beruf verlassen. Zum Schiffsbauer hatte er umgeschult. Dazu war er auch noch Zoobesitzer, außerdem ein Seemann – und das auf einem Meer, das keine Strände kennt. Noah: ein Segler, der kein Ufer findet. *Da gedachte Gott an Noah und alles wilde Getier und an alles Vieh, das mit ihm in der Arche war, und er ließ Wind auf Erden kommen, und die Wasser fielen.* (1 Mose 8,1) Gott erinnert sich? Folglich muss er Noah eine Weile vergessen haben. Hat Gott manchmal so etwas wie Erinnerungslücken? In der Tat scheint er von Amnesie geplagt. Er lässt es mitunter endlos regnen – nicht nur zu Sintflutzeiten. Niemand kann dann sagen, ob Sonnenstrahlen regendunkles Leben noch einmal durchbrechen werden. So muss es auch dem frommen Bauern Noah, der des Seemannslateins nicht besonders mächtig war, in seinem Kasten ergangen sein. In dem Tiergewühl stellte er sich die Frage: Werde ich die Erde jemals wiedersehen?

Als das Wasser gesunken war und der Kasten strandete, betrat Noah die Erde, die ziemlich matschig war. Er sammelte Holz und briet ein Tier auf einem Feuerchen zu Gottes Ehren. Das gefiel Gott. Er schloss einen Pakt mit Noah und den aus dem Zoo befreiten Tieren: *Solange die Erde steht, soll nicht aufhö-*

ren Saat und Ernte, Frost und Hitze, Sommer und Winter, Tag und Nacht. (1Mose 8,22) Das für Noah womöglich Tröstlichste an dieser Garantieerklärung war, dass Gott mit keinem Wort mehr über Schiffe oder Wasser sprach. Nicht dass es von nun an nie mehr regnen sollte. Nur setzte Gott unter den gemeinsamen Vertrag eine bunte Unterschrift: „Jedes Mal bei großem Wind und Wetter werde ich einen Regenbogen an den Himmel setzen, Zeichen dafür, dass es nie mehr eine Sintflut geben wird." Die Unterschrift hält die Erinnerung an den großen Schrecken wach: Wasser frisst das Leben. Zugleich ist der Regenbogen Signal dafür, dass ein ungeheuerliches Wetter auch ein Ende hat. Auf alle Fälle will Gott in sich den Fundamentalismus zähmen. Total gut oder zum Vernichten böse – so will Gott nicht mehr urteilen. Er ist bereit zum Kompromiss.

Wie reagierte Noah auf die Garantieerklärung Gottes? Kehrte der Seemann wider Willen in seinen alten Beruf zurück? Ja! Und doch auch nein. Er wurde wieder Bauer, aber ein sehr spezieller: der erste Weinbauer seit Beginn der Welt. Weshalb Noah noch einmal den Beruf wechselte, verschweigt die Bibel. Überliefert aber ist: Der Winzer wurde vom Genuss des Weines eines Tages trunken. So sehr, dass er nur noch schlafen konnte. Warum betrank sich Noah? Der Wein schmeckte sicher köstlich. Womöglich aber hatte Noah auch Angst, noch einmal den Beruf zu verlieren. Vielleicht griff der von Wassermassen Gepeinigte auch deshalb zum Wein, weil er kein Wasser mehr sehen, geschweige denn noch trinken konnte. So oder so: Hoffen wir, dass der Wein ihn in Träume mit regenbogenbunten Bildern wiegte.

Warum müssen wir so viele Vokabeln lernen?
Der Turmbau zu Babel (1Mose 11)

Das Lernen von Vokabeln ist eine Kunst. Natürlich lassen sie sich schlicht aus dem Vokabelheft heraus pauken. Auf Kärtchen geschrieben aber wird es raffinierter: So lassen sie sich immer wieder neu gruppieren und nach Schwierigkeiten unterteilen. Günstig ist sich abzufragen. Worte, die sich sperren, bunt markieren! Eselsbrücken helfen. Nach einigen Tagen macht sich die Wahrheit breit, dass die eben noch gewussten Bedeutungen aus dem Kopf verschwunden sind. Und selbst wenn ich alle gelernten Vokabeln für immer wüsste, stehe ich erst am Anfang einer Sprache. Und es gibt ja hunderte von Sprachen! Barrieren entstehen aber nicht nur durch fremde Silbenkombinationen. Auch Menschen meiner Muttersprache verstehe ich nicht immer. Oft rede ich an anderen vorbei.

Die Bibel weiß von einer Zeit, da gab es nicht eine dieser Schwierigkeiten. *Es hatte aber alle Welt einerlei Zunge und Sprache.* (1Mose 11,1) Das war der Menschheit freilich noch zu wenig. Sie fasste – bei so viel Harmonie selbstverständlich ohne Gegenstimme – einen Plan: *Wohlan, lasst uns Ziegel streichen und brennen! – und nahmen Ziegel als Stein und Erdharz als Mörtel und sprachen: Wohlauf, lasst uns eine Stadt und einen Turm bauen, dessen Spitze bis an den Himmel reiche, damit wir uns einen Namen machen.* (1Mose 11,3.4) Babel hieß die Stadt, die hochgezogen wurde. Ich stelle mir vor: Jede Volkshochschule ging dort ein. Selbst Fremdsprachenkurse für Fortgeschrittene wurden nicht gebucht. Und über den Kommunikationskurs *Richtig streiten* lachten sich die Leute schief. Dass die Volkshochschulen dicht gemacht wurden, störte niemanden. Denn es gab in Babel keine Arbeitslosen. Alle hatten Arbeit: Sie hämmerten Steine und klopften sich und anderen auf die Schulter. *Da fuhr der HERR hernieder, dass er sähe die Stadt und den Turm, die die Menschenkinder bauten. Und der*

HERR sprach: Siehe, es ist einerlei Volk und einerlei Sprache unter ihnen allen, und dies ist der Anfang ihres Tuns; nun wird ihnen nichts mehr verwehrt werden können von allem, was sie sich vorgenommen haben zu tun. (1Mose 11,5.6) Was aber hatten sich die Menschen vorgenommen? Sie schrieben an einem Grundgesetz, in dem Paragraph eins lautete: „Angeben ist Bürgerpflicht!" Sie wollten die Stadt so sicher bauen, dass die Mauer ohne Stadttor auskommen sollte. Und die Krönung? Ein kostenloses Freizeitangebot für alle: Bungee-Springen vom himmelhohen Turm zu Babel – ganz ohne Bungee-Seil.

Die Menschheit stellte sich auf ein Podest und wollte sich für immer in die Tiefe stürzen. Gott hatte Mitleid mit den Menschen: *Wohlauf, lasst uns herniederfahren und dort ihre Sprache verwirren, dass keiner des andern Sprache verstehe! So zerstreute sie der HERR von dort in alle Länder, dass sie aufhören mussten, die Stadt zu bauen.* (1Mose 11,7.8) Auf diese Weise wurde das Vokabellernen geboren. Volkshochschulen und Fremdspracheninstitute schossen wie Pilze aus dem Boden. Und es war klar: Vielfalt ist eine Tugend Gottes – oft mühevoll, doch besser als eine Einigkeit, die Einfalt heißt.

Wieso pfeift Abraham auf die Verwandtschaft?
Aufbruch nach Kanaan (1Mose 12)

Woher komme ich? Und wieso bin ich geworden, wie ich bin? Ahnenforschung hat Konjunktur, weil Stammbäume Heimat ahnen lassen. In der Bibel werden riesengroße, wunderschöne und fein verästelte Bäume nachgezeichnet. Gleich auf den ersten Seiten stehen sie und lesen sich, als ob sie nie ein Ende finden wollen. Eine fest gefügte Welt, in der sich jeder in den Schoß der Familie kuscheln kann. Die Bibel also hat ein Herz für Großfamilien – und weiß zugleich um ihre Grenzen. Mit einem Mal, kurz nachdem die Bibel den Familienbaum von Sem bis Abram aufgezeichnet hat, bricht ein Ast heraus: *Der HERR sprach zu Abram: Geh aus deinem Vaterland und von deiner Verwandtschaft und aus deines Vaters Hause in ein Land, das ich dir zeigen will.* (1Mose 12,1) Nach Kanaan soll er. Und Abraham, damals noch Abram genannt, beendet die familiäre Gemütlichkeit rasant: Er *zog aus, wie der HERR zu ihm gesagt hatte.* (1Mose 12,4) Lapidar wird das berichtet, als sei es das Selbstverständlichste der Welt. Dabei ist Abrams Familienausbruch, auch wenn Frau und Bruder ihn begleiten, ein Weg ins Ungewisse. Gott gibt ihm keine Garantien, sondern nur Versprechen.

Wieso also dieses Wagnis? Vielleicht waren Abram die ständigen Verwandtschaftstreffen und Familientage zu miefig. Das verträgt nicht jeder, wenn sich an Geburtstagen, an Weihnachten, an Ostern oder auch sonst noch die Familie trifft. Und falls einige Verwandte nicht mit am Tisch sitzen, wird ihr Treiben bis in die feinsten Verästelungen durchgesprochen. Überhaupt dieses Sitzen: Das zieht sich vom Mittagessen übers Kaffeetrinken bis zum Abendessen. Dann endlich wird aufgestanden, um nach Hause aufzubrechen – und zwar mit dem Auto, was bedeutet: wieder Sitzen. Abram aber konnte nicht mal eben kurz nach Hause fahren, die Großfamilie war jeden Tag um ihn. Was er sich wünschte: dass ihn jemand rief. Gott erfüllte Abrams geheimes Sehnen, und der zog in die Fremde. *Ich will dich zum großen Volk machen und will dich segnen.* (1Mose 12,2) Gott versprach, eine neue Art von Familie aus Abram entstehen zu lassen, ein ganzes Volk. Diese Familie, deren Ausgangspunkt Abram ist, wird unüberschaubar sein: Das göttliche Volk soll verbunden sein mit allen Völkern und Geschlechtern. Dann braucht keine Familie nur noch sich selbst besprechen, weil alles ineinandergreift. Denn, so sagt Gott zu Abram: *In dir sollen gesegnet werden alle Geschlechter auf Erden.* (1Mose 12,3)

Warum kichert die Greisin Sara?
Gott – ein Humorist (1Mose 18)

Es war die Zeit, als Gott in Mehrzahl auf die Erde kam. Abraham, der bei Mittagshitze an der Zelttür saß, erkannte ihn sofort. *Als er seine Augen aufhob und sah, siehe, da standen drei Männer vor ihm.* (1Mose 18,2) Abraham springt auf, läuft den drei göttlichen Männern entgegen und lädt sie ein. Gemütlich setzen sie sich unter einen Baum. Wasser gibt es für sechs staubige Füße, die gewaschen werden. Ein zartes Kalb wird zubereitet, Abrahams Frau Sara backt rasch einen Kuchen, außerdem sind Milch und Butter aufgetischt – alles das zur Ehre Gottes, der zwischen Ein- und Mehrzahl schillert. *Da sprachen sie zu ihm: Wo ist Sara, deine Frau? Er antwortete: Drinnen im Zelt. Da sprach er: Ich will wieder zu dir kommen übers Jahr; siehe, dann soll Sara, deine Frau, einen Sohn haben.* (1Mose 18,9.10)

Das hört auch Sara im Zelt. Das Lauschen war in der Nomadenzeit viel leichter, weil es keine dicken Wände oder schwere Türen gab. Nur eine Zeltwand trennten Saras Ohren von Gottes Stimme. *Sie lachte bei sich selbst und sprach: Nun ich alt bin, soll ich noch der Liebe pflegen, und mein Herr ist auch alt!* (1Mose 18,12) Abraham und Sara, beide im Greisenalter, hatten kein gemeinsames Kind, obwohl Gott ihnen das versprochen hatte. Köstlich, denkt Sara bei sich kichernd. Gott kennt sich bei Frauen überhaupt nicht aus. *Da sprach der HERR zu Abraham: Warum lacht Sara und spricht: Meinst du, dass es wahr sei, dass ich noch gebären werde, die ich doch alt bin? Sollte dem HERRN etwas unmöglich sein?* (1Mose 18,13.14) Bei diesen Worten wurde Abrahams Frau unruhig. *Da leugnete Sara und sprach: Ich habe nicht gelacht –, denn sie fürchtete sich.* Gott aber bestand darauf: *Es ist nicht so, du hast gelacht.* (1Mose 18,15)

Warum war es für Gott so wichtig festzuhalten, dass Sara gekichert hatte? Fühlte er sich ausgelacht und wollte Sara bestrafen? Ist Gott ein Feind des Lachens? Die Antwort lieferte er einige Monate später selbst – als Sara ihren Sohn gebar. Er wurde Isaak genannt, ein Name, der an das hebräische Wort für Lachen erinnert. Gott hatte sich als Humorist entpuppt. Er verspricht große Dinge und enttäuscht. Träume erfüllt er am liebsten dann, wenn sie unglaubhaft werden und zum Lachen reizen.

Lässt Gott mit sich handeln?
Abraham will Sodom retten (1Mose 18)

Selbst wenn sich Gott im Himmel Ruhe gewünscht hätte – so schallabweisendes Ohropax wäre nicht aufzutreiben gewesen. Er stellte fest: *Es ist ein großes Geschrei über Sodom und Gomorra, dass ihre Sünden sehr schwer sind. Darum will ich hinabfahren und sehen, ob sie alles getan haben nach dem Geschrei, das vor mich gekommen ist.* (1Mose 18, 20.21) Als Gott die Erde erreicht hatte, stellte sich ihm Abraham in den Weg und sprach: „So schnell kannst du eine Stadt doch nicht vernichten."

Mit Abraham hatte Gott Großes vor – er sollte Vater eines künftigen, von Gott erwählten Volkes werden. Also wollte der gerade aus dem Himmel Heruntergefahrene ihm gegenüber nicht zu autoritär agieren. Fast erinnert er an einen Frischling, der zum ersten Mal vor einer Klasse steht. „Sollte ein Lehrer nicht liebevoll zu allen Schülern sein?", säuseln die Kinder, die hinter seinem Rücken Papierkügelchen, Lineale und Flieger werfen. *Sollte der Richter aller Welt nicht gerecht richten?*, fragte auch Abraham mit Schmeichelstimme, während es in Sodom nicht gerade brav zuging. (1Mose 18, 25) Gott dürfe nicht so einfach strafen. *Es könnten vielleicht fünfzig Gerechte in der Stadt sein,* erläuterte Abraham. (1Mose 18, 24) Das sah Gott ein.

Und weil er sich auf der Erde ein wenig unsicher fühlte, freute er sich, dass sich jemand für seine Probleme interessierte: *Finde ich fünfzig Gerechte zu Sodom in der Stadt, so will ich um ihretwillen dem ganzen Ort vergeben.* (1Mose 18,26) Ohne es zu merken, verheddert sich Gott in einen Handel. Abraham feilscht die Zahl der Gerechten, um deretwillen Gott die Stadt stehen lassen würde, Schritt für Schritt herunter. Unterwürfig wie ein Bettler tut Abraham das – zugleich mit einem verborgenen Lächeln. Er gleicht einem Vertreter, der den Fuß in der Tür stehen lässt und sagt: *Ich habe mich unterwunden mit dem HERRN zu reden, obwohl ich Erde und Asche bin.* (1Mose 18,27)

Was Gott bei dieser Geschäftemacherei denkt, wird nicht verraten. Schwante ihm, dass er am Ende übers Ohr gehauen wird? Abraham jedenfalls handelt immer weiter. Und Gott lässt sich gehörig auf die Füße treten. Es scheint: Wer Gott bei seiner Eitelkeit packt und ihm schmeichelt, dem kann er nur mühsam widerstehen. Fast hat Abraham Gottes Zorn kleingeredet, da steigt der Ewige aus dem Handel aus. *Der HERR ging weg, nachdem er aufgehört hatte, mit Abraham zu reden.* Und Abraham? Der *kehrte wieder um an seinen Ort.* (1Mose 18,33) Die Rettung Sodoms hatte er nicht erreicht, gehandelt freilich bis zum Schluss. Aber war dieser wirklich schon das Ende? Die Geschichte lässt noch an eine Steigerung des Feilschens denken. Wer auf Gottes Zorn wütend ist, kann ihm ruhig noch intensiver als Abraham auf die Pelle rücken. *Der HERR ging weg* – wer hat gesagt, dass man ihm nicht nachgehen und weiter nerven könnte?

Wieso erstarrt Lots Frau zu Salz?
Sodom und Gomorras Untergang (1Mose 19)

Sollten sie wirklich alles Hals über Kopf verlassen? Die Stadt Sodom war trotz allem ihre Heimat, hier hatten sie sich eingelebt. Gott aber wollte auf die Stadt Feuer regnen lassen. Zwei Engel sollten Lots Familie retten. *Als nun die Morgenröte aufging, drängten die Engel Lot zur Eile und sprachen: Mach dich auf, nimm deine Frau und deine beiden Töchter, die hier sind, damit du nicht auch umkommst in der Missetat dieser Stadt.* (1Mose 19,15) Lot zweifelte. Auf Gottes Rat hin war er schon einmal aufgebrochen – von Ur in Chaldäa, um sich schließlich in Sodom anzusiedeln. Jetzt wieder umziehen? Das hieße: neue Ärzte suchen, den besten Supermarkt erkunden, einen neuen Freundeskreis aufbauen. Und die Töchter würden in der Schule ausgelacht, weil sie anders sprachen. Als Lot zögerte, ergriffen die Engel *ihn und seine Frau und seine beiden Töchter bei der Hand, weil der HERR ihn verschonen wollte, und führten ihn hinaus und ließen ihn erst draußen vor der Stadt wieder los.* (1Mose 19,16) Als ob man ihnen Handschellen angelegt hätte, so wird Lots Familie abgeführt. Doch jemanden zum Überleben zwingen wollen – das hilft allenfalls kurze Zeit. Letztlich muss man aus freien Stücken weiterziehen wollen. Also ließen die Engel Lots Familie los und sagten ihm: *Rette dein Leben und sieh nicht hinter dich, bleib auch nicht stehen in dieser ganzen Gegend.* (1Mose 19,17) Hinter ihnen – da regnet es Feuer. Menschen sterben. Auch Tiere, Bäume, alle Pflanzen, obwohl die an den Missetaten nicht beteiligt waren. Gott ufert aus. Ein Schrecken wie in der Tagesschau, nur viel schlimmer. Er ist zu riechen, Schreien ist zu hören. Alles sinnlos. *Und Lots Weib sah hinter sich und ward zur Salzsäule* (1Mose 19,26)

Warum drehte sie sich um? Vielleicht wollte sie dem Schrecken nicht den Rücken kehren – und dann wurde es doch zu viel für sie. Dachte sie an ihre Nachbarn und die Freunde? War sie eine Grüblerin, die sich nur schwer von der Vergangenheit löste? Wollte sie retten, was nicht mehr zu retten war? Eins jedenfalls ist klar: Grauen kann sich grenzenlos gebärden. Wer es anstarrt, kann erstarren. Die letzte Rettung lautet manchmal: weitergehen.

Weshalb gibt Esau für rote Linsen seine rosa Zukunft auf?
Jakob betrügt seinen Bruder um den Segen (1Mose 25-27; 33)

Esau stand die Zukunft offen. Einen Augenblick vor seinem Zwillingsbruder Jakob geboren war ihm der erste Platz in der Familie sicher. Doch niemand rechnete mit Esaus Hunger – außer Jakob. Er kochte seines Bruders Leibgericht, als dieser vom Feld heimkam. *Lass mich essen das rote Gericht, denn ich bin müde,* bat Esau Jakob. *Aber Jakob sprach: Verkaufe mir heute deine Erstgeburt. Esau antwortete: Siehe, ich muss doch sterben; was soll mir da die Erstgeburt? Da gab ihm Jakob Brot und das Linsengericht.* (1Mose 25,30-32.34) Esau dachte nicht an Ruhm und Ehre, als er das Essen roch. Er genoss. Später aber packte ihn die Wut. Denn Jakob luchste Esau mit der Erstgeburt auch noch seinen Segen ab. Und das kam so: Mutter Rebekka legte ihrem Liebling Jakob Felle um den Hals und seine Hände. Ein Trick. Dadurch nämlich glich er dem wildbehaarten Bruder Esau. Zumindest fühlte es der Vater Isaak so, und der war blind. Jakob erhielt den Segen, Esau kam zu spät: *Hast du denn nur einen Segen, mein Vater? Segne mich auch, mein Vater! Und er erhob seine Stimme und weinte.* (1Mose 27,38) Der Ungesegnete jagte seinem Bruder nach, doch Jakob war unerreichbar in der Fremde verschwunden.

Esau war auf ihn hereingefallen, weil er nicht taktieren konnte. Jakob mit der glatten Haut, der Kultivierte, stets im feinen Zwirn gekleidet, war listig. Esau dagegen war impulsiv und bei aller Wildheit erfrischend kindlich. Er sah stets das Gute. Als Jakob sein Leibgericht gekocht hatte, freute er sich, doch es war ein Köder gewesen. Rebekka war eine liebe Mutter, nur hielt sie zu Jakob. Isaak: ein wunderbarer Vater! Dann aber ließ er sich von Jakob betrügen. Kann jemand, der so naiv ist, überhaupt durchs Leben kommen? Esau konnte es – und gar nicht einmal schlecht. Er heiratete, zwar nicht standesgemäß, trotzdem war er zufrieden. Sein kultivierter Bruder dagegen quälte sich in der Fremde viele Jahre für seine große Liebe Rahel ab. Jakob war vorzeigbar, der ideale Gast auf Partys. Esaus Unbekümmertheit jedoch war unschlagbar – das war seine große Stärke. Als er nach Jahren Jakob schließlich wiedersah, schlotterten diesem vor Angst die Knie. Esau aber *lief ihm entgegen und herzte ihn und fiel ihm um den Hals und küsste ihn.* (1Mose 33,4)

FRAGE 012

Kann Gott auch mal verlieren?
Jakobs Kampf am Jabbok (1Mose 32)

Plötzlich warf sich einer auf ihn. Allein war Jakob am Fluss Jabbok, als ihn ein unbekannter Gegner stellte. Keine Zuschauer, die johlten. Kein Schiedsrichter, der pfiff. Die Kampfzeit eines normalen Ringkampfs wurde um ein Hundertfaches überschritten. Der unbekannte Mann rang mit Jakob, *bis die Morgenröte anbrach.* (1Mose 32,25) Der Fremde hatte die Dunkelheit ausgenutzt, als er angriff, einen Vorteil konnte er nicht erringen. Da pfiff er auf alle Fairness und Ringerregeln: *Als er sah, dass er ihn nicht übermochte, schlug er ihn auf das Gelenk seiner Hüfte, und das Gelenk der Hüfte Jakobs wurde über dem Ringen mit ihm verrenkt.* (1Mose 32,26)

Jakob kämpfte trotzdem weiter. In seinem Leben hatte er betrogen und war betrogen worden. Fiese Tricks brachten ihn nicht aus der Fassung. Lass mich gehen, denn die Morgenröte bricht an, jammerte der unbekannte Gegner schließlich, als er den Schutz der Dunkelheit verloren hatte. *Aber Jakob antwortete: Ich lasse dich nicht, du segnest mich denn.* (1Mose 32,27) Der Gegner, in den Jakob sich verbissen hatte, war geheimnisvoll. Jakob wollte von ihm nicht nur den Handschlag zwischen Sportlern, sondern den Segen haben. *Wie heißest du?*, fragte der Besiegte. *Er antwortete: Jakob. Er sprach: Du sollst nicht mehr Jakob heißen, sondern Israel: Denn du hast mit Gott und mit Menschen gekämpft und hast gewonnen.* (1Mose 32,28.29) Da war aus dem Gegner ein Schiedsrichter geworden, der verkündete: Sieger nach Punkten – Jakob! Der zum Sieger Gekürte ahnte etwas, aber erst als der Gegner ihn segnete, wusste er, mit wem er sich geschlagen hatte: *Ich habe Gott von Angesicht gesehen, und doch wurde mein Leben gerettet.* (1Mose 32,31) Wer gegen Gott kämpft, wird verwundet – geht aber nicht ohne Segen. Als der besiegte Gott sich dem Griff Jakobs entwunden hatte, *ging ihm die Sonne auf; und er hinkte an seiner Hüfte.* (1Mose 32,32)

Ehebruch oder nicht?
Josef und eine verführerische Stimme (1Mose 39)

Für Potifar war es der Glücksfall seines Lebens. Seit sich der Ägypter den hebräischen Sklaven Josef, der ein Sohn Jakobs war, zugelegt hatte, liefen bei ihm zu Hause die Geschäfte prächtig. Also machte er den Diener Josef zum Geschäftsführer über seine Güter. So konnte sich Potifar auch besser der Karriere widmen, denn er war Kämmerer beim Pharao und Oberster der Leibwache. Zu Hause kümmerte er sich, *da er Josef hatte, um nichts außer um das, was er aß und trank.* (1Mose 39,6) Jeden Tag ein Schnellimbiss – das war's. Dafür musste seine Frau Verständnis haben, er hatte einfach viel zu tun. Außerdem, so sagte er manches Mal zu ihr: „Mein Erfolg kommt doch auch dir zu Gute."

Sie aber war mit den Gedanken nicht bei den Erfolgen ihres Mannes: *Josef war schön an Gestalt und hübsch von Angesicht.* Sie warf auf ihn ein Auge und sprach: *Lege dich zu mir!* (1Mose

39,7) Josef widerstand der verführerischen Stimme – aus Angst, seine für einen Sklaven mehr als akzeptable Lage zu ruinieren. Mit theologischem Vokabular ließ er seine Lust erschlaffen, das war genial: *Wie sollte ich denn nun ein solch großes Übel tun und gegen Gott sündigen?* (1Mose 39,9) Potifars Frau indessen drängte Josef täglich. *Es begab sich eines Tages, dass Josef in das Haus ging, seine Arbeit zu tun, und kein Mensch vom Gesinde des Hauses war dabei. Und sie erwischte ihn bei seinem Kleid und sprach: Lege dich zu mir! Aber er ließ das Kleid in ihrer Hand und floh und lief zum Hause hinaus.* (1Mose 39,11.12)

Da rief sie die Dienerschaft zusammen und stellte die Tatsachen auf den Kopf: *Er kam zu mir herein und wollte sich zu mir legen; aber ich rief mit lauter Stimme. Und als er hörte, dass ich ein Geschrei machte und rief, da ließ er sein Kleid bei mir und floh und lief hinaus.* (1Mose 39,14.15) Das Stück Stoff legte sie als Beweisstück neben sich. Als Potifar zu seiner eigentlich doch problemlos funktionierenden Frau nach Hause kam, um seinen Kurzimbiss zu absolvieren, gab es ein Problem. Josef hatte es auf seine geliebte Frau abgesehen! Voll Zorn warf er ihn ins Gefängnis. Pech nur, dass Potifars Karriere von nun an einen Knick bekam. Denn zu Hause war kein Josef mehr. War es vielleicht gerade das, was seine Frau erreichen wollte? Josef hatte sie bestimmt nicht kalt gelassen. Nur spielte sie mit ihm zugleich ein raffiniertes Spiel, um ihre Ehe zu beleben. Die Wut Potifars war ein Indiz: Er hatte für sie noch Gefühle. So kehrte ihr Mann mit dem Weggang Josefs zu weit mehr als einem Imbiss in sein Haus zurück. Genug Möglichkeiten, sich seiner Frau wieder anzunähern.

Werden Träume wahr?
Pharao und die Traumdeuter (1Mose 37-50)

Josef war 17 Jahre alt und Vaters Liebling, als er seinen Brüdern erzählte: *Höret doch, was mir geträumt hat: Siehe, wir banden Garben auf dem Felde, und meine Garbe richtete sich auf und stand, aber eure Garben stellten sich ringsumher und neigten sich vor meiner Garbe.* (1Mose 37,6.7) Genug geprotzt, ärgerten sich die Brüder, die Josef nicht gut leiden konnten. Bei günstiger Gelegenheit schlugen sie den Traumexperten fast tot und verkauften ihn an eine Karawane. Ihrem Vater Jakob zeigten sie Josefs blutige Kleider. Diesem graute: Ein Tier muss Josef zerrissen haben!

Doch Josef lebte – in Ägypten, wo er im Haus Potifars Diener wurde und infolge einer verführerischen Stimme ins Gefängnis kam. Jahre musste er hinter Gittern hocken. Aus den brüderlichen Schlägen klug geworden, kümmerte er sich von nun an lieber um die Träume anderer. Sie deutete er stets richtig, so dass ihn eines Tages selbst der Pharao um Hilfe bat. Der ägyptische Herrscher hatte geträumt, *er stünde am Nil und sähe aus dem Wasser steigen sieben schöne, fette Kühe; die gingen auf der Weide im Grase. Nach diesen sah er andere sieben Kühe aus dem Wasser aufsteigen; die waren hässlich und mager und traten neben die Kühe am Ufer des Nils. Und die hässlichen und mageren fraßen die sieben schönen, fetten Kühe.* (1Mose 41,1-4) Josef übersetzte den Traum sofort: *Sieben reiche Jahre werden kommen in ganz Ägyptenland. Und nach ihnen werden sieben Jahre des Hungers kommen, so dass man vergessen wird alle Fülle in Ägyptenland. Und der Hunger wird das Land verzehren.* (1Mose 41,29.30)

Die Deutung klang plausibel. Und so machte der Träumer Pharao den Traumdeuter Josef zum Experten für ägyptische Vorratshaltung. In den sieben fetten Jahren, die jetzt kamen, ließ Josef Scheunen bauen und Korn sammeln. Er wurde zweiter Mann im Staat: Er hatte es geschafft, heiratete und wurde Vater. Die Menschen jubelten Ägyptens Retter zu. Ein Tellerwäscher war Millionär geworden, ein Ex-Häftling galt als Meister aller Träume. Seltsam aber: Dem großen Land Ägypten hatte er geholfen, sich selbst konnte er nicht glücklich machen. Er war ein Traumexperte, hilflos aber den eigenen Träumen gegenüber. Seine traumartige Sehnsucht drohte ihn zu zermürben. Er hoffte auf ein winziges Lebenszeichen von seinem Vater und den Brüdern. Falls ihm wirklich einmal etwas zu Ohren käme, würde er seine Familie am liebsten sofort wiedersehen! Andererseits war da die Frage: Wie sollte er mit seinen Brüdern Frieden schließen können? Die Wunde, die sie ihm geschlagen hatten, war groß, noch immer. Manchmal freilich werden Träume wahr – ohne Zutun dessen, der sie träumt. Josef fand aus dem schmerzhaften Labyrinth heraus, ohne dass er etwas dafür konnte.

Als die Magerjahre kamen, hatte nur Ägypten Korn. In Kanaan, wo Jakob mit den Söhnen lebte, herrschte Hunger. Die Brüder wollten nun im fernen Ägypten Nahrung kaufen. Und dann – standen sie vor Josef, erkannten ihn indessen nicht. Nur Josef wusste: Es sind meine Brüder. Und er weint – tut das aber nur heimlich. Er beginnt sich raffiniert zu rächen, bis die Geschwister schließlich vor ihm niederfallen – womit sich der einstige Traum der sich neigenden Garben erfüllt. Das aber war für ihn nur eine Randnotiz. Denn Josefs großer Traum, seine Sehnsucht, sollte sich in Wirklichkeit verwandeln. Josef sah den Vater wieder, weil die ganze Familie nach Ägypten zog, wo sie überlebte. Und die Brüder? Sie zitterten, als sie vor Josef niederfielen, doch der sprach: „Habt keine Angst! Was können wir schon tun. Gott ist der Meister aller Träume. *Ihr gedachtet es böse mit mir zu machen, aber Gott gedachte es gut zu machen.* (1Mose 50,20)

Schmeckt auch Brot, das trocken ist?
Das Passa-Fest (2Mose 12)

Kaviar und Feuerwerk, Champagner, Sonnenschein, Livemusik und Abendgarderobe: Alles ist vom Feinsten. Doch ob ein Fest gelingt, lässt sich nicht garantieren. Manchmal ist die Stimmung gerade dann besonders prächtig, wenn das perfekte Ambiente fehlt. Die Bibel erzählt von einer Feier, bei der trockenes Brot gegessen wird. Bis zum heutigen Tag ist Passa das wichtigste Fest der Juden. Es erinnert daran, wie Gott das Volk Israel aus der ägyptischen Knechtschaft lotste. Einst war der Hebräer Josef in Ägypten aufgestiegen, hatte dann seine Brüder und Vater Jakob nachgeholt. Dort war aus ihnen ein großes Volk geworden, das allerdings bald nicht mehr angesehen, sondern geschlagen und geknechtet wurde. Es sehnte sich nach Freiheit. Sie war ein Traum und keiner wusste, wie sie schmeckte. Dann bot sich die Chance zur Flucht. Die Israeliten stürzten los. *Und das Volk trug den rohen Teig, ehe er durchsäuert war, ihre Backschüsseln in ihre Mäntel gewickelt, auf ihren Schultern.* (2Mose 12,34) Sie zogen die ganze Nacht hindurch. Die erste Rast verwandelte sich in ein wunderbares Fest. Rasch buken sie Brot, das flach und trocken war. Denn der Teig war noch nicht durchgesäuert, *weil sie aus Ägypten weggetrieben wurden und sich nicht länger aufhalten konnten und keine Wegzehrung zubereitet hatten.* (2Mose 12,39)

Manchmal schmeckt etwas unvorhergesehen gut. Es gibt Speisen und Gerüche, die Erinnerungen aus der Vergangenheit holen, die unbezahlbar sind. So ist auch das Passa-Fest. Es wird nie im Luxus enden, das trockene Brot indes erinnert an die Pracht der Freiheit. *So sollt ihr's aber essen: Um eure Lenden sollt ihr gegürtet sein und eure Schuhe an euren Füßen haben und den Stab in der Hand und sollt es essen als die, die hinwegeilen; es ist des HERRN Passa.* (2Mose 12,11)

Warum betätigt sich Gott als Feuerkünstler? Israels Zug durchs Schilfmeer (2Mose 13)

Jeden Augenblick konnte das Glück der Freiheit zerbrechen. Aus der ägyptischen Sklaverei hatte sich das Volk Israel davongemacht – zu Fuß! Keinen Wagen hatten sie bei sich, aber eine Menge Vieh und viele Kinder, die nicht schnell laufen konnten, dafür aber quengelten. Immerhin war Gott ihr Kompass. *Der HERR zog vor ihnen her, am Tage in einer Wolkensäule, um sie den rechten Weg zu führen, und bei Nacht in einer Feuersäule, um ihnen zu leuchten, damit sie Tag und Nacht wandern konnten.* (2Mose 13,21) Nur ob die göttliche Orientierungshilfe etwas gegen die Ägypter ausrichten könnte? Die hatten 600 auserlesene Wagen fertiggemacht, sattelten die Pferde und jagten den Fliehenden hinterher. Im Nacken sahen die Israeliten die Verfolger und den Tod vor Augen. Sie schrieen. *Und die Wolkensäule vor ihnen erhob sich und trat hinter sie und kam zwischen das Heer der Ägypter und das Heer Israels. Und dort war die Wolke finster, und hier erleuchtete sie die Nacht, und so kamen die Heere die ganze Nacht einander nicht näher.* (2Mose 14,19.20)

Dann aber stoppte das Schilfmeer Israels Flucht. Wie jetzt noch einen Ausweg finden? Gott zog die Wassermassen zur Seite und das Volk ging trockenen Fußes hindurch. Die Ägypter fuhren hinterher. *Als nun die Zeit der Morgenwache kam, schaute der HERR auf das Heer der Ägypter aus der Feuersäule und der Wolke und brachte einen Schrecken über ihr Heer und hemmte die Räder ihrer Wagen und machte, dass sie nur schwer vorwärts kamen.* (2Mose 14,24.25) Über die Gebremsten flutete das Wasser. Israel stand am andern Ufer, war frei und jubelte. Die Frauen und Prophetin Mirjam hauten kräftig auf die Pauke, sie musizierten zu Ehren dessen, der mit Feuer, Wolken und Wasser spielt. Nur warum hatte sich Gott als Feuerkünstler überhaupt so schwer ins Zeug gelegt? Weil er parteiisch ist. Er kehrt um, was unumkehrbar scheint. Gott brennt für die, die keine Chance haben. Er ließ das Feuer denen leuchten, die in der Sklaverei gewesen waren. Dem funkelnden Heer Ägyptens zeigte er die Nacht.

War früher alles besser?
Der komplizierte Weg der Freiheit (2 Mose 15 + 16)

Sie riefen, jubelten und tanzten. Zum Schlag der Pauken sangen sie ihrem Befreier ein Ständchen: *Er hat eine herrliche Tat getan, Ross und Mann hat er ins Meer gestürzt.* (2Mose 15,21) Gott hatte die ägyptischen Sklaventreiber samt ihren Wagen untergehen lassen. Denn das Volk Israel sollte nicht mehr gepeinigt werden. Die Freiheit kam zu ihrem Recht, was so schön war wie im Kino: Eine große Schlussmusik untermalt den grandiosen Auszug aus Ägypten. Ende. Vorhang zu – und selig geht das Publikum nach Hause. Für das Volk Israel aber blieb der Vorhang oben, weil es noch Jahre durch die Wüste wandern musste, bis es ein Zuhause fand. Das von Gott versprochene Land war nirgendwo zu sehen, nur Wüste. Rasch wurden die Jubelstimmen heiser. Das Brot der ersten Rast war aufgegessen. Blöde neue Freiheit! *Und es murrte die ganze Gemeinde der Israeliten wider Mose und Aaron in der Wüste. Und sie sprachen: Wollte Gott, wir wären in Ägypten gestorben durch des HERRN Hand, als wir bei den Fleischtöpfen saßen und hatten Brot die Fülle zu essen. Denn ihr habt uns dazu herausgeführt in diese Wüste, dass ihr die ganze Gemeinde an Hunger sterben lasst.* (2Mose 16,2.3) Folter und Sklaverei lagen nur wenige Stunden zurück. Und schon war früher alles besser: „Gemütlich war die Sklaverei. Essen konnten wir, so viel wir wollten – und das, ohne zu bezahlen." Das Glück der Freiheit wird zugleich ein Schock gewesen sein. Wie sonst hätte es den Blick trüben können für das, was gewonnen war? Mose schimpfte: „Ihr übermalt die Vergangenheit mit zentimeterdicker Farbe!" Aber hatten die Jammerer nicht auch Recht? Gott reagierte jedenfalls nicht mit bösen Tönen. Wie man in der Wüste Essen findet – diese Frage war nicht von der Hand zu weisen. Vorher hatte Ägypten die Versorgung der Israeliten übernommen: Die war zwar mehr als mangelhaft, hatte Gott indessen jede Arbeit abgenommen. Und jetzt? Der Himmlische erklärte sich bereit zu einem großen Solidarbeitrag. Ohne jedes Nörgeln gab er ihn – und das 40 Jahre lang. Für ihn war klar: Freiheit schmeckt nur ohne Hunger. Vom Himmel ließ er jeden Abend Wachteln regnen. Und morgens, wenn der Tau verschwunden war, *da lags's in der Wüste rund und klein wie Reif auf der Erde.* Das war das Gottesbrot, genannt auch Manna. *Und es war wie weißer Koriandersamen und hatte einen Geschmack wie Semmel mit Honig.* (2Mose 16,14.31)

FRAGE 018

Wie kommt es, dass der müde Mose einen Krieg gewinnt?
Seniorengymnastik und Schlachtgetümmel (2Mose 17)

Die Schlacht gegen das Volk Amalek gewannen die Israeliten, als sie unterwegs waren ins gelobte Land. Der Grund, den die Bibel für den Sieg nennt, klingt logisch: Amalek wurde überwältigt *durch des Schwertes Schärfe.* (2Mose 17,13) Allerdings wird noch eine weitere Begründung gegeben, die eher an Gymnastik für Senioren denken lässt. Oberhalb des Schlachtfelds auf einem Hügel standen Mose, Hur und Aaron. *Und wenn Mose seine Hand emporhielt, siegte Israel; wenn er aber seine Hand sinken ließ, siegte Amalek.* (2Mose 17,11) So einfach war das also, den

Kampf zu gewinnen. Das Problem: *Mose wurden die Hände schwer.* (2Mose 17,12) Es schmerzt, die Arme lange oben zu halten. Das kann ich an verzerrten Gesichtern bei Wettbewerben im Bierkrugstemmen sehen. Mose hatte keinen Bierkrug in der Hand – und wurde trotzdem sehr schnell müde. *Darum nahmen die beiden einen Stein und legten ihn hin, dass er sich daraufsetzte.* Mose, der erste Mann im Volke Israel, fand keine neuen Kräfte. *Aaron aber und Hur stützen ihm die Hände, auf jeder Seite einer. So blieben seine Hände erhoben, bis die Sonne unterging.* (2Mose 17,12)

Unten blitzten die Schwerter im Schlachtgetümmel, was heftig und blutig war. Oben das Gegenbild: Ein militärischer Führer sackt greisenhaft in sich zusammen. Die auf den Schultern von Aaron und Hur liegenden Arme waren bestimmt schon eingeschlafen. Wie Baumstämme fühlten sie sich an. Aaron und Hur bekamen höllische Nackenschmerzen. Ein Bild des Jammers. Eine Dreiergruppe ohne jede Zackigkeit. Allerdings: Ausgerechnet sie ist verantwortlich für den Sieg, urteilt die Bibel. Handelt es sich etwa um eine Parodie auf Krieg und militärischen Glanz? Beweisen kann das niemand. Die Bibel enthält sich des Vermerks: „Aufgepasst: Satire!“ Doch bei meisterhafter Ironie fehlt diese Warnung ohnehin.

Ist Gott schreibfaul?
Die Tafeln des Gesetzes vom Berg Sinai (2Mose 32 + 34)

Auf dem Berg Sinai, mitten in der Wüste, übergab Gott Mose die Zehn Gebote für das Volk Israel. Die zwei Tafeln des Gesetzes *waren beschrieben auf beiden Seiten. Und Gott hatte sie selbst gemacht und selber die Schrift eingegraben.* (2Mose 32,15.16) Er hatte sie nicht mal eben auf Papier gekritzelt, sondern in

Stein gemeißelt, was selbst für Gott eine nicht geringe Anstrengung gewesen sein wird. Als Mose mit den Tafeln unterm Arm den Berg herabstieg, hörte er Geschrei. Das klang nach Geselligkeit. Und in der Tat: Die Israeliten hatten aufgehört, andächtig auf ein fernes Gotteswort vom Berg zu warten, und stattdessen Schmuck aus Gold gesammelt, ihn geschmolzen und zu einem Kalb geformt. Nun tanzten sie um den greifbaren und glänzend-schönen Gott. Da rastete Mose aus. Das Kalb ließ er zerschmelzen, zerrieb es zu Pulver und gab es in Wasser gestreut den Israeliten zu trinken. Die von Gott geschriebenen Tafeln aber warf er *aus der Hand und zerbrach sie.* (2Mose 32,19)

Da lag die Schreibarbeit am Boden zerstört. Gott indessen gab nicht auf. Noch einmal lässt er Mose den Berg besteigen. Diesmal aber, sagt er, soll Mose die Tafeln selbst hauen, *dass ich die Worte darauf schreibe, die auf den ersten Tafeln standen, welche du zerbrochen hast.* (2Mose 34,1) Lange redet Gott mit Mose – um ihn dann zu überraschen: *Schreib dir diese Worte auf.* (2Mose 34,27) Jetzt musste also Mose meißeln – *40 Tage und 40 Nächte und aß kein Brot und trank kein Wasser.* (2Mose 34,28) War Gott schreibfaul geworden und würde von nun an nur noch reden? Vielleicht wollte er Mose aber auch zeigen, dass er liebte, was er mit eigenen Fingern geschrieben hatte. Gott versteht sich eben nicht nur als Redner, sondern genauso gut als Handwerker. Selbstverständlich wird ihm auch der Inhalt des Eingemeißelten am Herzen gelegen haben. Er hoffte: Wenn Mose die Worte selbst schrieb, würde er sie nicht mehr zerbrechen.

Ist Gott immer gerecht?
Der Aufstand der Rotte Korach (4Mose 16)

Es ging um Macht. Israel hatte die Sklaverei hinter sich und wanderte schon länger durch die Wüste. Doch das gelobte Land Kanaan, von dem der Führer Mose und sein Bruder Aaron immer wieder sprachen, kam nicht in Sicht. Korach und weitere, wie die Bibel urteilt, namhafte Leute empörten sich vor den Führern: *Ihr geht zu weit! Denn die ganze Gemeinde, sie alle sind heilig, und der HERR ist unter ihnen. Warum erhebt ihr euch über die Gemeinde?* (4Mose 16,3) Was Korach und seine Leute wollten, klang verdächtig nach Mitbestimmung. Sie konnten sich auf Gott berufen, der am Berg Sinai dem Volk Israel gesagt hatte: *Ihr sollt mir ein Königreich von Priestern und ein heiliges Volk sein.* (2Mose 19,6) Mose aber wollte alleine Häuptling sein. Ohne Gremienarbeit und dieses demokratische Klein-Klein lotste er das Volk in Richtung Kanaan. In diesem Land der Zukunft würden, das wiederholte er immer wieder, Milch und Honig fließen.

Mose wollte die Alleinherrschaft behaupten, was nicht unbedingt sympathisch wirkt. Doch auch Korachs Leute verhielten sich politisch nicht besonders korrekt. Der Sachlichkeit zumindest fühlten sie sich nicht verpflichtet. Sie verklärten die Vergangenheit und vereinfachten die Gegenwart. Legitim wiederum, dass sie Mose an seinen großen Versprechungen maßen. *Ist's nicht genug, dass du uns aus dem Lande geführt hast, darin Milch und Honig fließt, und uns tötest in der Wüste? Musst du auch noch über uns herrschen? Wie fein hast du uns gebracht in ein Land, darin Milch und Honig fließt, und hast uns Äcker und Weinberge zum Erbteil gegeben!* (4Mose 16,13.14) Auf so viel Ironie in der honiglosen Wüste reagierte Mose wütend. Er stachelte Gott auf und erklärte dem Volk: Wenn Gott eine neue, bisher noch nie gekannte Tötungsart findet, dann ist das der Beweis: Ich habe Recht. *Und als er alle diese Worte beendet hatte, zerriss die Erde unter ihnen und tat ihren Mund auf und verschlang sie mit ihren Sippen, mit allen Menschen, die zu Korach gehörten, und mit all ihrer Habe. Und sie fuhren lebendig zu den Toten hinunter mit allem, was sie hatten, und die Erde deckte sie zu, und sie kamen um, mitten aus der Gemeinde heraus.* (4Mose 16,31-33) Mich ärgert die Geschichte: weil Mose ohne Rücksicht auf Verluste handelt. Das Erzählte lässt mich zugleich unentschieden: weil die Argumente seines Gegenspielers Korach populistisch sind. Die Geschichte freut mich auch, weil sie nichts verschweigt. Sie lässt Mose, Korach und auch Gott nicht nur im besten Licht erscheinen. Und das ist mutig.

FRAGE 021

Lässt sich Liebe gebieten?
Eine zentrale Weisung der Bibel (3Mose 19)

In der Schule liebten es manche Lehrer, uns im „guten Leben" zu unterweisen: „Es gehört sich, nett zu sein. Du sollst verzeihen. Bitte immer freundlich sein." Freundlichkeit auf Befehl – das war mir nicht geheuer. Die Bibel klingt dieser mit erhobenen Zeigefinger angemahnten Liebe manchmal zum Verwechseln ähnlich: *Du sollst deinen Nächsten lieben wie dich selbst.* (3Mose 19,18) Das ist eins der beiden zentralen Gebote des an Regeln zur Lebensgestaltung reich gefüllten 3. Buches Mose. O je, denke ich mir unter dem Klang solcher Worte – auch die Bibel sagt: Ich muss lieben. So simpel verhält es sich freilich nicht: Das biblische Gebot wünscht im gleichen Maße, dass ich mich auch selber lieben soll. Mir gebührt ein Recht auf Nettigkeit. Wer also freundlich zu sich selber ist, dem kann ein Lächeln gelingen, das befreit.

Auch das andere zentrale Gebot im 3. Buch Mose ist keine Sanktion von oben. Es beruft sich auf Erfahrung. *Wenn ein*

Fremdling bei euch wohnt in eurem Lande, den sollt ihr nicht bedrücken. Er soll bei euch wohnen wie ein Einheimischer unter euch, und du sollst ihn lieben wie dich selbst; denn ihr seid auch Fremdlinge gewesen in Ägyptenland. (3Mose 19,33.34) Den Fremden lieben – dieses Gebot rechnet damit, dass ich im Anderen auch mich selbst entdecke. Ich war nicht wie die Israeliten in der ägyptischen Sklaverei. Doch auch ich fühle mich nicht immerzu zu Hause, die Schule hatte zuweilen etwas Peinigendes für mich, ich war in ihr fremd, sehnte mich nach Freiheit und Geborgenheit. Das Gebot lädt ein, solche Sehnsucht zu erfüllen, indem ich Unbehauste nicht im Regen stehen lasse.

Wohin mit den miesen Taten?
Jom Kippur – der Versöhnungstag (3Mose 16)

Es gab eine Zeit, in der Kopfweh Kopfweh und Rückenschmerzen Rückenschmerzen waren. Und Magendrücken? Das war ganz einfach Magendrücken. Inzwischen ist das anders: So mancher, der mich fragt: Wie geht es dir?, beginnt in meinem Leben herumzuwühlen: Der Schmerz sei Ausdruck meiner Lebensführung. Und die ist natürlich ganz schön mies. „Du bist nicht freundlich zu dir selbst", heißt es. Oder: „Du widmest dich nicht genug den Menschen an deiner Seite – vielleicht aber auch zu sehr." Außerdem: „Du lebst verkrampft und nicht beschwingt." Zehn Sekunden später: „Vielleicht schlägst du zu oft über die Stränge, halte dich doch endlich einmal an die gesellschaftlich Regeln." Kurzum: Mein Körper schmerzt, weil meine Seele dreckig ist. *Psychosomatisch* heißt das Zauberwort, das immer Recht hat und bedeutet: Ich habe nicht nur Schmerzen, sondern bin auch selbst schuld. Entsprechend soll ich stundenlang um mich selber kreisen und werde niemals frei.

Natürlich, ich mache nicht alles richtig und der Schmerz soll von mir aus ruhig auch eine Botschaft haben. Aber ich will mich unter Schmerzen nicht nur um die Schmerzen kümmern – und das dann auch noch über Jahre. Ein Tag würde mir schon reichen. Und tatsächlich: In der Bibel wird von einem Ritual erzählt, bei dem die miesen Taten nur für einen Tag im Zentrum stehen. *Denn an diesem Tage geschieht eure Entsühnung, dass ihr gereinigt werdet; von allen euren Sünden werdet ihr gereinigt vor dem HERRN.* (3Mose 16,30) Wie soll das möglich sein? So rasant können die Gedanken doch gar nicht um die dunkle Seelen kreisen und eine Erklärung für die Schmerzen finden? Müssen sie auch nicht. An Stelle des Gedankenkarussells gibt es nämlich einen Bock. *Dann soll Aaron seine beiden Hände auf dessen Kopf legen und über ihm bekennen alle Missetat der Israeliten und alle ihre Übertretungen, mit denen sie sich versündigt haben, und soll sie dem Bock auf den Kopf legen und ihn durch einen Mann, der bereit steht, in die Wüste bringen lassen, dass also der Bock alle ihre Missetat auf sich nehme und in die Wildnis trage; und man lasse ihn in der Wüste.* (3Mose 16,21.22)

Das ist Jom Kippur, der Versöhnungstag, der im Judentum bis heute gefeiert wird – inzwischen ohne das uralte Ritual. In dessen Idee entdecke ich aber noch immer eine schöne Hoffnung. Denn ich muss mich nicht selbst zum Sündenbock für alle meine Schmerzen machen. Also überlege ich, ob ich nicht mal wieder mit mir Versöhnung feiern sollte? Und das geschieht so: Ich bekenne alle Missetaten, meine Verkrampfungen, was ich und andere mir unterstellen. Dann lege ich meine Hände über die Sohlen mit dem Profil, ziehe die Laufschuhe an und renne nicht gerade in die Wildnis, aber durch die Wälder. Die Schuhe übergeben alle Missetaten der weichen Erde. Wenn ich nach Hause komme, kann ich wieder lachen. Entkrampft erwarte ich die Frage: Wie geht es dir?

Warum lässt Gott einen Esel sprechen?
Die Botschaft des Engels (4Mose 22)

Bileam konnte die Zukunft deuten. Er war ein religiöser Seher – für die Gefahr, die sich ihm entgegenstellte, war er freilich blind. Des Sehers Eselin jedoch sah den Engel mit gezücktem Schwert im Wege stehen. Also wich sie *vom Weg ab und ging auf dem Felde; Bileam aber schlug sie, um sie wieder auf den Weg zu bringen.* (4Mose 22,23) Der Eselsreiter Bileam hatte sich aufgemacht, das Volk Israel zu verfluchen, das sich auf dem Weg ins gelobte Land befand. Nicht die eigene Stimme drängte Bileam. Es waren andere, die ihn dazu nötigten. Er hatte zugestimmt, doch Gott wollte das Fluchen verhindern. *Da trat der Engel des HERRN auf den Pfad zwischen den Weinbergen, wo auf beiden Seiten Mauern waren.* (4Mose 22,24) Die Eselin drängte sich an die Mauer und klemmte den Fuß des Reiters ein. Bileam schlug härter zu. Er war wie vernagelt, vorwärts wollte er – immer stur in eine Richtung. *Da ging der Engel des HERRN weiter und trat an eine enge Stelle, wo kein Platz mehr war auszuweichen.* (4Mose 22,26) Die Eselin ging in die Knie, Bileam sah noch immer nichts. Er drosch mit seinem Stecken auf sie ein. Da öffnete Gott den Mund der Eselin, um zu zeigen: Tiere können frömmer sein als Menschen. „Warum schlägst du mich?“, fragte die Eselin. Bileam antwortete: *Weil du Mutwillen mit mir treibst! Ach dass ich jetzt ein Schwert bei mir hätte, ich wollte dich töten! Die Eselin sprach zu Bileam: Bin ich nicht deine Eselin, auf der du geritten bist von jeher bis auf diesen Tag? War es je meine Art, es so mit dir zu treiben? Er sprach: Nein.* (4Mose 22,29.30) Und die Blindheit fiel von den Augen des Sehers ab. Die Eselin hatte ihn gerettet. Nun sah auch er vor sich den Engel stehen, der sprach: „Dich hätte ich getötet, nicht die Eselin. Dein Weg ist falsch. Segnen sollst du mein Volk und es nicht verfluchen.“

Muss ein Sonntag öde sein?
Das Sabbat-Gebot (1Mose 1; 2Mose 20; 5Mose 5)

Im Familientrott ging es über Wanderwege ins Café hinein. Ich mochte Kuchen, doch sonntags konnte ich ihn nur mühsam genießen. In Zeitlupe ging der Tag vorüber. Rasant war es nur im Stadion, wenn ich ein Fußballspiel erlebte. Das war wunderbar – solange die erste Halbzeit lief. Wenn sich das Spiel dem Ende zuneigte, spürte ich bereits den kalten Hauch des nächsten Morgens. Am Abend packte ich den Ranzen unter Magendrücken. Ich dachte an das Aufstehen fast in der Nacht, an fiese Tests und unberechenbare Lehrer. Wie mächtig schrecklich die Schule war, spürte ich am Sonntag, ausgerechnet an dem Tag, an dem ich gar nicht in der Schule war.

Gott dagegen scheint an diesem Tag keine Ängstlichkeit zu kennen. Nachdem er die Welt erschaffen hatte, feierte er den Ruhetag. *Und Gott segnete den siebenten Tag und heiligte ihn, weil er an ihm ruhte von allen seinen Werken, die Gott geschaffen und gemacht hatte.* (1Mose 2,3) Und weil er sich am Ruhetag erfreute, gab er ihn an die Menschen weiter: *Gedenke des Sabbattages, dass du ihn heiligest.* (2Mose 20,8) Ich aber konnte die ritualisierte Ruhe nicht genießen und sehnte mich danach, den Sonntag zu entkrampfen. Als mein großer Sabbat kam, die Befreiung von der Schule, wollte ich den offiziellen Ruhetag anders leben und begann zu tüfteln: Ich arbeitete extra sonntags, was nicht unangenehm war. Oft feierte ich meine Ruhe dann an einem Wochentag. Oder ich schnitt den Sonntag in Stücke und verteilte ihn über die gesamte Woche: Jeden Tag ein bisschen Sonntag. Irgendwann einmal, die Schulzeit mit den mulmigen Ruhetagen lag beruhigend lange hinter mir, traute ich mich wieder an die klassische Sonntagsruhe. Kaum zu glauben! Ich genoss den Tag in vollen Zügen. Das Zeitlupengefühl beruhigte mich. Und abends, wenn ich meine Tasche für die Arbeit packte, merkte ich: Ich hatte keine Angst. Ich freute mich auf den nächsten Morgen. Was mich am Montag erwartete, war keine Unterdrückung, keine Form moderner Sklaverei. Ich stellte fest: Der Ruhetag ist akzeptabel, wenn die Arbeit nicht knechtet. Ähnlich begründet auch das 5. Buch Mose den Ruhetag. Dort wird er eingeführt, um an die Sklaverei zu erinnern, in der sich Israel einst schrecklich plagen musste: Diese Form der Arbeit soll niemand mehr erleben! Deswegen hat jeder ein Recht auf Arbeit ohne Qualen und einen Ruhetag ganz ohne Magendrücken. *Am siebenten Tag ist der Sabbat des HERRN, deines Gottes. Da sollst du keine Arbeit tun, auch nicht dein Sohn, deine Tochter, dein Knecht, deine Magd, dein Rind, dein Esel, all dein Vieh, auch nicht dein Fremdling, der in deiner Stadt lebt, auf dass dein Knecht und deine Magd ruhen gleichwie du. Denn du sollst daran denken, dass auch du Knecht in Ägyptenland warst und der HERR, dein Gott, dich von dort herausgeführt hat mit mächtiger Hand und ausgerecktem Arm.* (5Mose 5,14-15)

Soll man armen Menschen etwas leihen?
Das Erlassjahr (2Mose 23; 5Mose 15)

Ein biblischer Tipp zur Lebensführung klingt, als ob er den Bankrott einleiten wollte: Sechs Jahre soll man vernünftig wirtschaften, das Land besäen und die Früchte einsammeln. *Aber im siebenten Jahr sollst du es ruhen und liegen lassen, dass die Armen unter deinem Volk davon essen, und was davon übrigbleibt, mag das Wild auf dem Felde fressen.* (2Mose 23,11) Das ist das Sabbatjahr. Eine diesem Tipp verwandte Regel klingt noch unkalkulierbarer: Sechs Jahren soll man kräftig borgen. Insbesondere *sollst du dein Herz nicht verhärten und deine Hand nicht zuhalten gegenüber deinem armen Bruder, sondern sollst sie ihm auftun und ihm leihen, so viel er Mangel hat.* (5Mose 15,7.8.) Und im siebten Jahr? Da wird erlassen, was nicht zurückgegeben ist. Klar: Jeder vernünftige Mensch überlegt sich dreimal, ob er noch während des sechsten Jahres etwas leiht. Schließlich steht das siebte Jahr schon vor der Tür und damit die Gefahr, das Verliehene nicht zurückzubekommen. Daran freilich soll man gar nicht denken, empfiehlt die Bibel: *Sondern du sollst ihm geben, und dein Herz soll sich's nicht verdrießen lassen, dass du ihm gibst.* (5Mose 15,10) Das Verleihen ohne Garantie auf Wiederkehr soll also auch noch mit Lust geschehen! Das klingt verrückt und scheint der wirtschaftlichen Vernunft zu spotten. Biblischerseits aber wird versprochen: Die vermeintliche Unvernunft wird zum Vorteil werden – auch wirtschaftlich betrachtet. *Denn dafür wird dich der HERR, dein Gott, segnen in allen deinen Werken und in allem, was du unternimmst.* (5Mose 15,10) Nur wie soll dieser segenreiche Gewinn denn möglich werden? Die Antwort kann lauten: Wer ausschließlich an sich und die Bilanzen denkt, wird kleinkariert, das Gesicht verkneift sich und auch die Stimme klingt bald schon unangenehm und kalkuliert. Das kommt keiner Firma zugute. Selbst freien Künstlern, die nicht immer gut bei Kasse sind, steht es schlecht. Das Einmaleins des Wirtschaftens trifft nur dann ins Schwarze, wenn es durchbrochen werden darf. Es ist rätselhaft, doch trifft immer wieder ein: Wer gibt, bekommt etwas zurück und meist viel mehr – auch wenn es nicht immer das ist, was man verliehen hat.

FRAGE 026

Was hat es mit den Geboten auf sich?
Zärtliche Tora (5Mose 30)

Urtümliche Mythen, phantastische Familiengeschichten und ein jahrelanger Weg durch die Wüste ins gelobte Land – davon handeln die fünf Bücher Mose, die am Anfang der Bibel stehen. Sie enthalten auch kaum zu überblickende Seiten an Geboten und Empfehlungen. Nicht zufällig werden diese Bücher zusammengenommen auch *Tora*, Weisung, genannt. Im Judentum gilt sie als die zentrale Überlieferung. Vielen freilich ist der empfehlungsreiche Beginn der Bibel nicht gerade angenehm. „Wie kann denn aus so vielen Geboten etwas Gutes kommen?“, stöhnen sie und fühlen sich inmitten all der Regeln nicht gerade frei. Am Ende der Tora, kurz bevor Israel ins gelobte Land zieht, scheint Mose auf solche Zweifel zu reagieren: *Denn das Gebot, das ich dir heute gebiete, ist dir nicht zu hoch und nicht zu fern.* (5Mose 30,11) Wo genau lässt sich diese Weisung heute finden? Wenn ich manche Lebenshelfer höre, scheinen sie genau zu wissen, was richtig ist. Nur dauerte es Jahre, bis ich spüren würde: Das hat etwas mit mir zu tun. Es klingt richtig und auch himmlisch, nur leider oft verklärt, verbrämt oder hochkomplex. Mein Alltag schafft es nicht in diese Superwelten. Das Gebot in Gottes Namen, das am Ende der Tora steht, will dagegen nicht schweben. *Es ist nicht im Himmel, dass du sagen müsstest: Wer will für uns in den Himmel fahren und es uns holen, dass wir's hören und tun?* (5Mose 30,12)

Mittags, ich kann mir die Arbeit als Freiberufler ja selbst einteilen, sehe ich mir Talkshows an. Die Themen wechseln, die Grundfrage ist gleich: Wie gelingt es, mit Spaß und auch bei tiefem Ärger zu einem schönen Leben vorzustoßen? Zappend schaffe ich drei Shows zugleich. Das ist lebendig, farbig, ungebändigt. Durch wie viele Lebensbahnen wird hier gerannt! Am Ende rät die Moderatorin mit erhobenem Zeigefinger: „Das müsstest du dir dann doch mal überlegen!“ Talkshows klingen lebensnah, dann aber wiederum so einfach, dass sie für mich unerreichbar werden. Eine Hilfe, die im fernen Fernseh-Land verharrt. Das Gebot, das mich trifft, ist aber *nicht jenseits des Meeres, dass du sagen müsstest: Wer will für uns über das Meer fahren und es uns holen, dass wir's hören und tun?* (5Mose 30,13)

Ein Kalenderspruch hilft mir, nur auf den ersten Blick verstaubt. Oder eine Bemerkung einer Freundin oder eines Fremden – wie zufällig dahingeworfen. Ich hoffe auf ein Gebot ganz ohne Zeigefinger, einen Knoten im Taschentuch, der mich erinnert und begleitet. Eine Stimme, die zärtlich Worte flüstert. Ein Spickzettel unterm Kissen, der mir im Dunkeln leuchtet. Ein Gebot wie ein Bonbon: Seine süße Herbheit genieße ich, es wird nicht kleiner. Die Tora und Weisung, die hilft, lähmt mich nicht, sie ist mir eine Freundin, die belebt. *Denn es ist das Wort ganz nahe bei dir, in deinem Munde und in deinem Herzen, dass du es tust.* (5Mose 30,14)

FRAGE 027

Kann Theaterspielen Leben retten?
Ein Friedensbund (Josua 9)

Echt sein, sich so geben, wie man ist – das ist etwas, das Erfolg verspricht. In Seminardeutsch übersetzt heißt das: „Bitteschön authentisch sein!" So könne man andere für sich gewinnen. Völlig unauthentisch verhielten sich die Gibeoniter, als die Israeliten unter Moses Nachfolger Josua das gelobte Land erobern wollten. Die Gibeoniter lebten dort als ein Stamm unter vielen. Sie ahnten: Wenn gekämpft wird, heißt das: Wir oder sie – wahrscheinlich aber: Sie werden gewinnen. Die Gibeoniter hatten Angst, die sie freilich nicht zeigten. Statt sich zu bekriegen, wollten sie Theaterspielen. Sie *versahen sich mit Speise und nahmen alte Säcke auf ihre Esel und alte, zerrissene, geflickte Weinschläuche und alte, geflickte Schuhe an ihre Füße und zogen alte Kleider an, und alles Brot, das sie mit sich nahmen, war hart und zerbröckelt.* (Jos 9,4.5) Sie zogen in Josuas Lager und gaben sich als Weitgereiste: *Wir kommen aus fernen Landen; so schließt nun einen Bund mit uns.* (Jos 9,6) Das kann ja jeder sagen, wendeten die Israeliten ein: *Vielleicht wohnt ihr mitten unter uns; wie könnten wir dann einen Bund mit euch schließen?* (Jos 9,7) Die Gibeoniter blieben ihrer Inszenierung treu: *Dies unser Brot, das wir aus unsern Häusern zu unserer Speise mitnahmen, war noch warm, als wir zu euch auszogen, nun aber, siehe, ist es hart und zerbröckelt; und diese Weinschläuche waren neu, als wir sie füllten, und siehe, sie sind zerrissen; und diese unsere Kleider und Schuhe sind alt geworden über der sehr langen Reise.* (Jos 9,12.13) Das zerstreute die Zweifel Josuas und der Obersten des Volkes. *Josua machte Frieden mit ihnen und schloss einen Bund mit ihnen, dass sie am Leben bleiben sollten. Und die Obersten der Gemeinde schworen es ihnen.* (Jos 9,15) Drei Tage später entdeckten die Israeliten, dass die frisch Verbündeten in der Nähe wohnten. „Wir sind hereingefallen!“, riefen sie. Geschworen aber war geschworen. Die Gibeoniter waren nicht authentisch, dafür aber raffiniert gewesen. Ihr Spiel hatte eine neue Wirklichkeit geschaffen, in der die Gibeoniter und auch die Israeliten gewannen: Kein Mensch war umgekommen.

Kaltblütiger Mord oder weibliche Gegenwehr? Von Zärtlichkeit und Durchschlagskraft der Keniterin Jaël (Richter 4)

Es ist ein mütterliches Bild – ein Bild der Wärme im rauen Krieg. Israel war in die Hand eines gegnerischen Volks gefallen und wollte sich befreien. Sie gewannen im Kampf die Oberhand und die gegnerischen Krieger flohen. Nicht einer entkam – außer Sisera. Der Anführer des Gegners *floh zu Fuß in das Zelt Jaëls, der Frau des Keniters Heber.* (Ri 4,17) Denn die Keniter galten als Verbündete.

Jaël verhielt sich wunderbar: Dem erschöpften Flüchtling ging sie entgegen: *Kehre ein, mein Herr, kehre ein bei mir und fürchte dich nicht! Und er kehrte bei ihr ein in ihr Zelt, und sie deckte ihn mit einer Decke zu.* (Ri 4,18) Die Frau tat für diesen Mann viel mehr, als er verlangte: *Er sprach zu ihr: Gib mir doch ein wenig Wasser zu trinken, denn ich habe Durst. Da öffnete sie den Schlauch mit Milch und gab ihm zu trinken und deckte ihn wieder zu.* (Ri 4,19) Der große Feldhauptmann durfte sich geborgen fühlen wie ein Kind. Das Kämpfen war vorbei, er wollte nur noch Ruhe finden. *Und er sprach zu ihr: Tritt in die Tür des Zeltes, und wenn einer kommt und fragt, ob jemand hier sei, so sprich: Niemand.* (Ri 4,20) Sisera war der Ruhm seines Namens egal geworden. Abtauchen wollte er in eine Gegenwelt. Und nachdem Jaël den Kriegsmüden auf zärtliche Weise gepflegt hatte, nahm sie *einen Pflock von dem Zelt und einen Hammer in ihre Hand und ging leise zu ihm hinein und schlug ihm den Pflock durch seine Schläfe, dass er in die Erde drang. Er aber war ermattet in einen tiefen Schlaf gefallen.* (Ri 4,21)

Jaël nämlich war auf der Seite Israels – und ihre Zärtlichkeit nichts als Raffinesse gewesen, ihre Mütterlichkeit ein Betrug. Warum aber wiegte Jaël den Wehrlosen in den Tod? Womöglich will die Geschichte die gewohnte Ordnung in Verwirrung bringen: Männer bekriegen sich – und Frauen müssen sie dann betten. Vielleicht hatte Jaël einfach keine Lust mehr auf den weiblichen Zwang zum Trösten. Männer rühmen sich, Frauen sollen Wunden pflegen. Jaël – ein Warnbild für die Männer, die sich zur Aggressivität verpflichtet fühlen, zu Hause aber dann zu Kindern werden. Die Geschichte ist freilich auch tragisch: Denn Sisera war so ermattet, dass er womöglich davon träumte, mit neuem Namen aufzuwachen – als ein Mensch, der Zärtlichkeit auch gibt und nicht nur empfängt.

Wie kommt es, dass ein Muskelprotz alle seine Kraft verliert? Simsons Liebe zu Delila (Richter 13 + 16)

Israeliten und Philister lagen in einem ständigen Clinch. Über Israel aber kam der göttliche Glücksfall Simson. Ein Engel hatte seiner Mutter, als diese noch gar nicht Mutter war, gesagt: *Du wirst schwanger werden und einen Sohn gebären, dem kein Schermesser aufs Haupt kommen soll. Denn der Knabe wird ein Geweihter Gottes sein von Mutterleibe an; und er wird anfangen, Israel zu erretten aus der Hand der Philister.* (Ri 13,5) Und in der Tat: Simson hatte lange Haare und Muskeln wie ein Bär – und das zu einer Zeit, als es weder Dopingärzte, Anabolika noch Fitnesscenter gab. Niemand konnte ihn bezwingen. Was ihn schließlich schwächte, war ständiges Generve. Und das kam so: Simson gewann ein Mädchen lieb. *Die hieß Delila.* (Ri 16,4) Das ist nichts Schlimmes und muss noch lange nicht die Kräfte schwinden lassen. Die Fürsten der Philister sagten aber zu ihrer Landsmännin Delila: *Überrede ihn und sieh, wodurch er so große Kraft hat und womit wir ihn überwältigen können.* (Ri 16,5) Die Belohnung: 1100 Silberstücke. Es wird kaum das Geld gewesen sein, das sie lockte. Eher schon der Wunsch, ihren Liebsten zu ergründen. Prompt verriet Simson das Geheimnis seiner Kräfte: *Wenn man mich bände mit sieben Seilen von frischem Bast, die noch nicht getrocknet sind, so würde ich schwach und wäre wie ein anderer Mensch.* (Ri 16,7) Sofort gab Delila das Geheimnis weiter. Philister banden den Schlafenden in seiner Kammer. *Er aber zerriss die Seile, wie eine Flachsschnur zerreißt, wenn sie ans Feuer kommt.* (Ri 16,9) Delila fand das gar nicht nett: *Du hast mich getäuscht und belogen.* (Ri 16,10) Simson gelobte Besserung und sagte: „Stricke noch nie benutzt, können mich besiegen." Die Philister versuchten es – vergeblich. Wieder hatte Simson Spaß gemacht. Die Geliebte jammerte: Du hast Geheimnisse vor mir! *Wie kannst du sagen, du habest mich lieb, wenn doch dein Herz nicht mit mir ist?* (Ri 16,15) So säuselte sie sanft und lieblich lispelnd. *Als sie aber mit ihren Worten alle Tage in ihn drang und ihm zusetzte, wurde seine Seele sterbensmatt und er tat ihr sein ganzes Herz auf und sprach zu ihr: Es ist nie ein Schermesser auf mein Haupt gekommen; denn ich bin ein Geweihter Gottes von Mutterleib an. Wenn ich geschoren würde, so wiche meine Kraft von mir, so dass ich schwach würde und wie alle andern Menschen.* (Ri 16,16.17) Ihn, der alle Kraft der Welt besaß, machte Delilas Säuseln schwach. Sie wollte den Beweis der Liebe, Simson gefügig machen, ihn fesseln und zur Herrscherin über seine Kräfte werden. Er wollte nur noch Ruhe haben. Und sie ließ ihn einschlafen in ihrem Schoß und rief einen, der ihm die sieben Locken seines Hauptes abschnitt. *Und sie fing an ihn zu bezwingen – da war seine Kraft von ihm gewichen.* (Ri 16,19) Die ihn besitzen wollte, hielt am Ende seine Haare in den Händen. Die Philister stachen Simson die Augen aus und legten ihn in Ketten.

FRAGE 030

Kann Sehnsucht Hoffnung bringen? Hanna lässt das Wünschen nicht (1Samuel 1 + 2)

Sie aß nichts mehr und weinte. Viele spotteten, es klang wie ein Abzählreim: „Hanna kriegt keine Kinder. Hanna kriegt keine Kinder." Dabei war das ihr größter Wunsch: Mutter werden. Es wollte nicht gelingen. Ihr Mann versuchte sie zu trösten: *Hanna, warum weinst du, und warum issest du nichts? Und warum ist dein Herz so traurig?* Nicht jeder Wunsch könne in Erfüllung gehen, sagte er. Sie müsse lernen das Positive zu sehen – wie zum Beispiel ihn: *Bin ich dir nicht mehr wert als zehn Söhne?* (1Sam 1,8)

Hanna hörte nicht auf ihren Ehemann, sondern ging in den Tempel von Silo, um ihrer Sehnsucht freien Lauf zu lassen. Priester Eli beobachtete sie. *Und als sie lange betete vor dem HERRN, achtete Eli auf ihren Mund; denn Hanna redete in ihrem Herzen, nur ihre Lippen bewegten sich, ihre Stimme aber hörte man nicht.* Eli schimpfte: *Wie lange willst du betrunken sein? Gib den Wein von dir, den du getrunken hast!* (1Sam 1,12-14) Er hatte Recht: Hanna war betrunken, aber nicht vom Wein, sondern von einem viel stärkeren Gebräu – von der Sehnsucht, die sie nicht verraten wollte. Sie wusste nicht, ob sie jemals Mutter werden würde. Aber vielleicht kam es darauf letzten Endes auch nicht an. Wichtiger: Sie wollte ihren Schmerz nicht leugnen, was umgekehrt bedeutet: Sie war nicht bereit, das Hoffen sein zu lassen. Lieber spielte sie volles Risiko als auf die Spötterinnen und ihren Ehemann zu hören, die ihr rieten: Lass das Wünschen sein. So behielt sie ihre Sehnsucht, mochte sie auch schmerzen. Am Ende bekam sie einen Sohn und nannte ihn Samuel. Erhofft hatte sie ihn, doch nicht damit gerechnet. Groß war ihr Jubel – denen gegenüber, die sie verlachten: *Mein Mund hat sich weit aufgetan wider meine Feinde, denn ich freue mich deines Heils.* (1Sam 2,1)

Warum hört ausgerechnet ein kleiner Junge Gottes Stimme?

Samuel am Tempel in Silo (1Samuel 3)

Sie gelten als Meister im Überhören. Wenn Kinder noch nicht schlafen wollen, sie die Lust am Spiel ergreift, wenn sie langweilige Dinge lernen sollen, spazieren gehen müssen oder brav am Tisch zu sitzen haben – dann reagieren sie, als ob sie von nichts wüssten. „Willst du wohl auf mich hören!", bekommen sie gesagt. Vergebens: Wenn sie sich nicht ernst genommen fühlen, reagieren Kinder mit tauben Ohren. Der kleine Junge Samuel, der in einer Art Internat beim Priester Eli im Tempel von Silo lebte, reagierte sofort, als er gerufen wurde. Er hörte seinen Namen – gleich wuselte er zu Eli: *Siehe, hier bin ich! Du hast mich gerufen. Er aber sprach: Ich habe nicht gerufen; geh wieder hin und lege dich schlafen. Und er ging hin und legte sich schlafen.* (1Sam 3,5) Wieder hört Samuel seinen Namen, er rennt zu Eli: „Hier bin ich!" Der sagt: „Ich rief dich nicht, geh wieder schlafen." Als der Junge beim dritten Mal vor Eli steht, merkt der Priester, *dass der HERR den Knaben rief.* (1Sam 3,8) Und er beschließt für sich: Wenn Gott ein Kind sprechen will, braucht ein Priester nicht dabei zu sein. Neidlos gibt er den Weg frei und rät dem Jungen: *Geh wieder hin und lege dich schlafen; und wenn du gerufen wirst, so sprich: Rede, HERR, denn dein Knecht hört.* (1Sam 3,9) Und so geschah es auch: Ausgerechnet ein Kind wurde von Gott gerufen – dabei war des *HERRN Wort selten, und es gab kaum noch Offenbarung.* (1Sam 3,1) Warum hörte Samuel nicht weg? Weil er sich ernst genommen fühlte, von Gott, aber auch vom Priester Eli. Über Kinder herrschte der weise Lehrer nicht mit großer Stimme, sondern wollte auf die Stimme Gottes weisen.

FRAGE 032

Wie besiegte David den Riesen Goliat?
Ein Hirtenjunge und die Scham der großen Brüder (1Samuel 17)

Es war ihnen peinlich. Wenn ich meinen großen Brüdern folgte, ärgerten sie sich. Ich verhielt mich unauffällig, damit sie mich nicht nach Hause schickten. Doch spätestens, wenn sie mit den Freunden die Fahrräder bestiegen, waren sie davongeflogen. Mochte ich mit den Pedalen auch die gleiche Umdrehungszahl erreichen – ich konnte ihnen nicht folgen. Der

Durchmesser ihrer Räder war größer. Auch David blieb zurück, als seine Brüder zum Kampfe zogen: Er sollte zu Hause die Schafe hüten. Die Brüder indessen standen im Eichgrund den Philistern gegenüber. Da sagte der Vater zu seinem Kleinen: *Nimm für deine Brüder diesen Scheffel geröstete Körner und diese zehn Brote und bringe sie eilends ins Lager zu deinen Brüdern.* (1Sam 17,17)

David ging und war rechtzeitig zur Stelle, um Goliat zu sehen. Das war ein Riese, der aus dem gegnerischen Lager kam, um die Hebräer zu verspotten. *Und wer von Israel den Mann sah, floh vor ihm und fürchtete sich sehr.* (1Sam 17,24) David aber fragte unter den Israeliten interessiert nach der Belohnung für den, der ihn erschlüge. Davids Brüdern war das furchtbar peinlich. Eliab, der Älteste von ihnen: *Warum bist du hergekommen? Und wem hast du die wenigen Schafe dort in der Wüste überlassen? Ich kenne deine Vermessenheit wohl und deines Herzens Bosheit. Du bist nur gekommen, um dem Kampf zuzusehen.* (1Sam 17,28) David antwortete nicht lange, sondern sprach lieber mit König Saul – und überzeugte ihn, dass er sich mit dem Riesen der Gegner duellieren dürfe. David tat das ohne Schwert und Rüstung, sie waren ihm zu groß und schwer. Stattdessen nahm er *einen Stab in die Hand und wählte fünf glatte Steine aus dem Bach und tat sie in die Hirtentasche, die ihm als Köcher diente, und nahm die Schleuder in die Hand und ging dem Philister entgegen.* (1Sam 17,40) Goliat höhnte: *Bin ich denn ein Hund, dass du mit Stecken zu mir kommst?* (1Sam 17,43) Der kleine Hebräer verwies auf die Schärfe Gottes: *Du kommst zu mir mit Schwert, Lanze und Spieß, ich aber komme zu dir im Namen des HERRN Zebaoth.* (1Sam 17,45) David, der seinen großen Brüdern eigentlich nur etwas zu essen bringen sollte, *tat seine Hand in die Hirtentasche und nahm einen Stein daraus und schleuderte ihn und traf den Philister an die Stirn, dass der Stein in seine Stirn fuhr und er zur Erde fiel auf sein Angesicht.* (1Sam 17,49) Dann hob er Goliats Schwert auf und hieb ihm den Kopf ab. Die Philister flohen. Ein Hirtenjunge hatte Goliat besiegt – und ganz nebenbei die Scham der großen Brüder.

FRAGE 033

Darf ein Herrscher unter Schwermut leiden? David verschont Saul (1Samuel)

Saul war *ein junger, schöner Mann, und es war niemand unter den Israeliten so schön wie er.* (1Sam 9,2) Trotzdem zweifelte er an sich: *Bin ich nicht ein Benjaminiter und aus einem der kleinsten Stämme Israels, und ist nicht mein Geschlecht das Geringste unter allen Geschlechtern Benjamins?* (1Sam 9,21) Ausgerechnet der Zweifler Saul fand die Königskrone – es geschah, als er entlaufene Eselinnen seines Vaters suchte. Der Seher Samuel, der die religiöse Macht in Israel verkörperte, traf ihn während seiner Eselinnen-Suche und salbte ihm zum König. „Der Geist Gottes kommt über dich“, kündigt Samuel ihm an: „Du wirst verzückt, *umgewandelt und ein anderer Mensch werden.*“ (1Sam 10,6)

Und wirklich: Saul trifft eine Prophetenschar, die mit Harfe, Pauke, Flöte und Zither musiziert. Der frisch Gesalbte stimmt ein in die Musik, gerät in Verzückung und tanzt. Die Saul freilich von früher kannten, machten sich über den Fröhlichen lustig: *Was ist mit dem Sohn des Kisch geschehen? Ist Saul auch unter den Propheten?* (1Sam 10,11) Das tat weh. Und schon nagte der Zweifel wieder. Als ihn ein Onkel fragte, was bei der Suche nach den Eselinnen geschehen sei, sagte er nichts vom Königtum. Niemandem berichtete er von seiner Salbung.

Auf Betreiben Samuels aber wird Saul schließlich vom Volk als König anerkannt. Saul – der erste Herrscher Israels! Verworren war sein Weg zur Macht, als König hatte er es nicht gerade leichter. Samuel, der bislang Mächtigste in Israel, zog sich zurück. Im Hintergrund jedoch spann er weiterhin die Fäden. Nach einem siegreichen Kampf gegen die Amalekiter verlangte er von König Saul, alles zu töten, *Mann und Frau, Kinder und Säuglinge, Rinder und Schafe, Kamele und Esel.* (1Sam 15,3) Saul gehorchte nicht, sondern dem Leben – was Samuel zornig machte, der zunehmend intrigierte. Das Regieren wurde für Saul zur Qual, das politische Geschäft zermürbte ihn. Saul, den Feinsinnigen, der so herrlich fröhlich sein konnte, überfiel die Schwermut. *Der Geist des HERRN aber wich von Saul, und ein böser Geist vom HERRN ängstigte ihn.* (1Sam 16,14) Nur die Musik brachte zuweilen Linderung: *Sooft nun der böse Geist von Gott über Saul kam, nahm David die Harfe und spielte darauf mit seiner Hand. So wurde es Saul leichter, und es ward besser mit ihm, und der böse Geist wich von ihm.* (1Sam 16,23) David hatte einst als Junge den Riesen Goliat erschlagen und war inzwischen an den Königshof gekommen. Er ließ den traurigen Herrscher manches Mal wieder lächeln. Nur wurde ausgerechnet David zum politischen Konkurrenten. Da konnte auch der meisterhafte Harfenklang Saul nicht mehr trösten, weil es der Gegner war, der die Saiten zum Klingen brachte. Als David wieder einmal vor ihm musizierte, nahm Saul einen Spieß in die Hand. Und er *trachtete danach, David mit dem Spieß an die Wand zu spießen. Er aber wich aus vor Saul, und der Spieß fuhr in die Wand.* (1Sam 19,10) David floh, Saul verfolgte ihn. Die Chance zum Töten aber bot sich dem Verfolgten – David indes verschonte Saul. Da brach es aus dem König heraus: *Und Saul erhob seine Stimme und weinte.* (1Sam 24,17)

Es erleichterte ihn nur kurz, bald hatte er sich wieder in sein Gespinst aus Selbstzweifel, Eifersucht und Verlorenheit verstrickt. Er bat den Seher Samuel zum Gespräch. Der aber war unterdessen gestorben und musste von einer Totenbeschwörerin gerufen werden: „Gibt es für mich noch Hoffnung?“ fragt er. Samuel sagt: „Nein!“ Da stürzte Saul zur Erde, so lang er war, und geriet in große Furcht über die Worte Samuels. *Auch war keine Kraft mehr in ihm; denn er hatte nichts gegessen den ganzen Tag und die ganze Nacht.* (1Sam 28,20) Rasch schlachtet die Totenbeschwörerin ein gemästetes Kalb, nimmt Mehl, knetet es, backt Brot und zwingt den Mächtigen zu essen. Doch der König war schon lange ohne Macht. Aufgerieben hatte er sich zwischen den Interessen. Zu viele Zweifel waren in und um ihn gewesen. Entzücken fand er in der Musik. Saul war kein Politiker, der immer lächelt. Traurig war er. Trotzdem: Gott hatte gerade ihn zum König haben wollen. Am Ende besaß er nur noch Feinde. *Da nahm Saul das Schwert und stürzte sich hinein.* (1Sam 31,4)

FRAGE 034

Darf ein Ehebrecher auf Frieden hoffen?
König Davids Liebe zu Batseba (2Samuel 11 + 12)

Zufällig sah er sie beim Bade. Batseba war wunderschön, nur leider schon in festen Händen. Wozu aber war denn David König? Er ließ die Verheiratete zu sich kommen. Und sie wurde schwanger, was ganz schön peinlich war. David wusste aus den Zehn Geboten: *Du sollst nicht ehebrechen.* (2Mose 20,14) Zunächst wollte er es vertuschen, was nicht gelang. Schließlich schickte er Batsebas Mann Uria in den Tod. Sobald die Witwe ausgetrauert hatte, *sandte David hin und ließ sie in sein Haus holen, und sie wurde seine Frau und gebar ihm einen Sohn.* (2Sam 11,27)

Das frische Familienglück hielt nicht lange an. Denn nicht nur David, auch Gott verhielt sich mörderisch. *Der HERR schlug das Kind, das Urias Frau David geboren hatte, so dass es todkrank wurde.* (2Sam 12,15) David, dem die Grausamkeit seiner Taten endlich aufgegangen war, *suchte Gott um des Knäbleins willen und fastete, und wenn er heimkam, lag er über Nacht auf der Erde.* (2Sam 12,16) Nach sieben Tagen starb das Kind. Niemand wollte es dem Vater sagen, damit dieser nicht vor Trauer Amok liefe. Als er es dann doch erfuhr, stand er von *der Erde auf und wusch sich und salbte sich und zog andere Kleider an und ging in das Haus des HERRN und betete an. Und als er wieder heimkam, ließ er sich Speise auftragen und aß.* (2Sam 12,20) Die Leute waren wütend: „Das ist keine Trauer. Als sein Kind lebte, hat er gefastet. Jetzt ist es tot, da steht er auf und isst.“ David entgegnete: *Nun es aber tot ist, was soll ich fasten? Kann ich es wieder zurückholen? Ich werde wohl zu ihm fahren; es kommt aber nicht wieder zu mir zurück.* (2Sam 12,23) Das klingt so abgeklärt, dass es bestürzen kann. Vielleicht wollte David aber auch nur seinen Schmerz verbergen? Bei dem Schrecken, den er und dann auch Gott angerichtet hatten, schien ein Neuanfang unmöglich: Wer könnte schließlich jetzt noch essen und Ruhe finden? David versuchte das Unmögliche. *Und als David seine Frau Batseba getröstet hatte, ging er zu ihr hinein und wohnte ihr bei.* (2Sam 12,24) Erneut wurde Batseba schwanger und bekam einen Sohn. David nannte ihn Salomo, was bedeutet: der Friedliche. Frieden war das Einzige, was nach Mord und Ehebruch noch eine Chance hatte – schien beim Anblick Salomos auch Gott zu denken: Denn *der Herr liebte ihn.* (2Sam 12,24)

FRAGE 035

Was wollte die Königin von Saba von Salomo?
Eine Prüfung mit geheimnisvollem Ende (1Könige 10; 2Chronik 9)

Die Bibel sagt es nicht direkt. Zwischen den Zeilen jedoch scheint etwas hindurchzuscheinen. König Salomo und die Königin von Saba – das war wie im Märchen. Salomo pflegte Beziehungen zu vielen Ländern. Unterschiedliche Kulturen und Religionen ließ Israels König in seinem Land zu. Er galt als ein Politiker, der weise war. Genau das reizte die Königin aus dem fernen Süden. Sie wollte überprüfen, ob das stimmte: ein Mann, der klug und weise ist? So kam sie, *um Salomo mit Rätselfragen zu prüfen.* (1Kön 10,1) Sie konnte sich zur Prüferin aufschwingen, weil sie selbst unendlich weise war. Sie brannte vor Erkenntniseifer, aber trockene Hörsaal- oder Klassenzimmeratmosphäre sucht man in der Geschichte vergeblich. *Sie kam nach Jerusalem mit einem sehr großen Gefolge, mit Kamelen, die Spezerei trugen und viel Gold und Edelsteine.* (1Kön 10,2) Wie die Königin wohl gekleidet war – und wie sah eigentlich der König aus? Womöglich war die Herrscherin hässlich und der Geprüfte ein verhutzelter Zwerg? Beweise gibt es für die Schönheit der Königin nicht. Die Phantasie hat dafür freies Spiel, unterstützt wird sie von manch opulentem Anhaltspunkt, beispielsweise der Klasse ihrer Gastgeschenke. *Es gab keine Spezerei wie diese, die die Königin von Saba dem König Salomo gab.* (2Chr 9,9) Wer wunderbare Gewürze schenkt, wird bestimmt auch selber wunderbar gerochen haben. Der Prüfling freilich ließ sich von den Düften während der Befragung nicht ablenken. *Salomo gab ihr Antwort auf alles, und es war dem König nichts verborgen, was er ihr nicht hätte sagen können.* (1Kön 10,3) Salomo wusste alles, was auch die Königin von Saba wusste. Sie harmonierten wunderbar und die Königin staunte: *Ich hab's nicht glauben wollen, bis ich gekommen bin und es mit eigenen Augen gesehen habe.* (1Kön 10,7) War der Besuch damit zu Ende? Die Prüfung war abgeschlossen, auch hatte sie alle Gastgeschenke überreicht. Nun aber reagierte Salomo und *gab der Königin Saba alles, was ihr gefiel und was sie erbat, außer dem, was er ihr von sich aus gab.* (1Kön 10,13) Was erbat sie denn von ihm? Sicher nicht nur Reichtum – davon hatte sie ja selbst genug. Und was war das wiederum, was er ihr auf eigene Initiative gab? Beides wird nicht verraten. Die Königin nahm ein

Geheimnis mit, *wandte sich und zog in ihr Land mit ihrem Gefolge.* (1Kön 10,13)

Kann man Gott sehen? Wie sich der Unsichtbare zeigt (1Könige 19; 2Mose 33; Jesaja 6)

Er war acht Jahre alt und frech. Trotzdem ging er sonntags in den Kindergottesdienst. „Gott ist immer da“, verkündete der Pfarrer. „Das glaube ich nicht“, zweifelte der Junge. „In diesem Augenblick ist Gott hinter dieser Wand“, sagte der Pfarrer schließlich, als seine bisherigen Argumente keine Wirkung zeigten. Der Zweifler zappelte in der Bank, er wollte aufspringen, um Gott hinter der Wand zu schauen. Helferinnen des Pfarrers, die nicht zufällig neben dem Jungen saßen, bändigten ihn. Meine Neugier aber hatte er geweckt: Ob er Gott wirklich gesehen hätte? Und was wäre dann geschehen?

Uwe hieß mein Kindergottesdienstgenosse, doch er hätte genauso gut den Namen Elia, Mose oder auch Jesaja tragen können. Sie wollten Gott nicht nur vom Hörensagen kennen. Elia beispielsweise hatte mit dem Leben abgeschlossen, er hatte in Israel gegen Könige und Propheten gekämpft, die Gott vergessen hatten. Und was war der Lohn? Gott schien nun Elia vergessen zu haben: Er kümmere sich nicht um ihn, sagte Elia. Da entschied Gott, sich ihm zu zeigen. Sturm kam auf, doch keine Spur von Gott. Danach bebte die Erde – Gott war das nicht. Ein Feuer prasselte – Gott züngelte nicht darin. *Und nach dem Feuer kam ein stilles, sanftes Sausen.* Da wusste Elia in der Höhle: Da draußen muss Gott sein. Er verhüllte *sein Antlitz mit seinem Mantel und ging hinaus und trat in den Eingang der Höhle.* (1Kön 19,12.13) Dort tröstete Gott Elia. Die Gelegenheit, das himmlische Wesen zu sehen, ließ Elia allerdings verstreichen. Die Augen bedeckte er mit seinem Mantel, weil er instinktiv spürte: Gott zu erblicken ist gefährlich. *Mein Angesicht kannst du nicht sehen; denn kein Mensch wird leben, der mich sieht.* (2Mose 33,20) Das antwortete Gott zumindest Mose, als dieser ihn einst bat, sich ihm zu zeigen. Gott ließ sich der Gefahr zum Trotz dann doch erweichen. Vor Moses Augen zog er vorüber, aber auf den Augen lag Gottes Hand. Und dann! Gott zog sie weg – da war er bereits vorüber. Mose konnte vom Ewigen nur noch einen Blick von hinten erhaschen. Das wird kein Nachteil gewesen sein. Wer dem göttlichen Feuer nämlich zu nahe rückt, müsste schreien. Er finge selber Feuer, nicht nur im Herzen, sondern am ganzen Körper. Das Geheimnis – aufgedeckt – verlöre jeden Zauber. Ungesehen aber bleibt Gott Sehnsucht.

Auch in jener biblischen Schilderung, in der ein Mensch Gott direkt sehen durfte, wird das göttliche Gesicht nicht preisgegeben. Jesaja war im Tempel und niemand weiß: War es Traum, war es Wirklichkeit? Der Prophet schaute Gott. *In dem Jahr, als der König Usija starb, sah ich den Herrn sitzen auf einem hohen und erhabenen Thron, und sein Saum füllte den Tempel. Serafim standen über ihm; ein jeder hatte sechs Flügel: mit zweien deckten sie ihr Antlitz, mit zweien deckten sie ihre Füße, und mit zweien flogen sie.* (Jes 6,1.2) Gleich drei Paar Flügel hatten diese Engel, eins war eigens dafür bestimmt, sich vor Gottes Licht zu schützen. Die Engelsaugen waren zu, die Münder standen offen. Aus ihnen drang lautes Rufen: *Heilig, heilig, heilig ist der HERR Zebaoth, alle Lande sind seiner Ehre voll! Und die Schwellen bebten von der Stimme ihres Rufens, und das Haus war voll Rauch. Da sprach ich: Weh mir, ich vergehe! Denn ich bin unreiner Lippen und wohne unter einem Volk von unreinen Lippen; denn ich habe den König, den HERRN Zebaoth, gesehen mit meinen Augen.* (Jes 6,3-5) Jesaja dachte, in der Reinheit Gottes zu vergehen – doch er überlebte. Ihn rettete ein Engel. *Da flog einer der Serafim zu mir und hatte eine glü-*

hende Kohle in der Hand, die er mit der Zange vom Altar nahm, und rührte meinen Mund an. (Jes 6,6.7) So kam es, dass Jesaja zwar verbrannte Lippen hatte, dafür aber von einer Gottesschau erzählen konnte. Phantastisch ist diese Schilderung, das Geheimnis bleibt gewahrt. Jesajas Worte klingen so aufregend, dass ich den Pfarrer, der im Kindergottesdienst das Streitgespräch mit Uwe pflegte, nicht ganz verstehen kann. Hätten seine Helferinnen Uwe doch ruhig springen lassen: Was wäre das für eine Geschichte geworden, wenn er Gott gesehen hätte? Den Mut, das Freche und das Zeug zum Überleben hatte er.

Wie kann eine Lesung zu Tränen rühren? Lust am Gesetz Gottes und an fetten Speisen (Nehemia 8)

Es war unglaublich: Nicht einer musste gähnen. Israel war verschleppt worden, hatte viele Jahre im Exil zu leben, bis es aus der Verbannung heimkehren konnte. Das Zentrum der Hebräer aber, die Stadt Jerusalem, war sehr zerstört. Sie bauten auf, was am Boden lag, die Stadtmauer und auch den Tempel. Nach langer Zeit dann das erste Fest in der neuen, alten Heimat. Priester Esra kramte die alten religiösen Weisungen hervor *und las daraus auf dem Platz vor dem Wassertor vom lichten Morgen an bis zum Mittag vor Männern und Frauen und wer's verstehen konnte. Und die Ohren des ganzen Volks waren dem Gesetzbuch zugekehrt.* (Neh 8,3) Kein Open-Air-Kino begeisterte, keine Blaskapelle spielte, keine Flugzeugshow ließ die Augen zum Himmel wandern. Es faszinierten schlicht und einfach Worte, die aus einem Buch gelesen wurden. Und Priester *legten das Buch des Gesetzes Gottes klar und verständlich aus, so dass man verstand, was gelesen worden war.* (Neh 8,8) Dass Lesung und Erklärung verständlich sind, ist nicht selbstverständlich. Ich könnte oft vor Trauer weinen, wenn ich Worte innerhalb und außerhalb der Kirche höre. Mich stören Banalitäten oder eine Sondersprache. Ich fühle mich dann ausgeschlossen, sehne mich nach Erfrischung und einer klugen Einfachheit. Auch die Israeliten weinten, doch nicht aus Trauer oder Enttäuschung, mochte das Esra zunächst auch so deuten: *Dieser Tag ist heilig dem HERRN, eurem Gott; darum seid nicht traurig und weinet nicht!* (Neh 8,9) Es handelte sich indessen nicht um Tränen der Trauer, sondern der Rührung. Die Israeliten befanden sich auf einer Lesung, verstanden alles und feierten ein Fest der Verständlichkeit. Grund genug, die Feier nicht gleich zu beenden, dachte dann auch Priester Esra. *Darum sprach er zu ihnen: Geht hin und esst fette Speisen und trinkt süße Getränke und sendet davon auch denen, die nichts für sich bereitet haben; denn dieser Tag ist heilig unserm Herrn. Und seid nicht bekümmert; denn die Freude am HERRN ist eure Stärke.* (Neh 8,10)

FRAGE 038

Warum findet Hiob keinen Trost?
Wenn Freunde zu Feinden werden (Hiob)

Er verlor seine Söhne und Töchter. Auch ging sein gesamter Besitz kaputt. Und dann wurde er mit Geschwüren von der Fußsohle bis zum Scheitel überzogen. Zu viel für Hiob, der fragte: *Warum bin ich nicht gestorben bei meiner Geburt?* (Hiob 3,11) Geblieben waren seine Freunde. Sie kamen, *um ihn zu beklagen und zu trösten.* (Hiob 2,11) Lange schwiegen sie, dann fing Elifa an: *Du hast's vielleicht nicht gern, wenn man versucht, mit dir zu reden; aber Worte zurückhalten, wer kann's?* (Hiob 4,2) Der Gepeinigte wollte schweigen, die Freunde aber wollten in ihm wühlen. Wer lange wühlt, wird die Gründe für den Schmerz schon finden: *Wo ist ein Unschuldiger umgekommen?*

Oder wo wurden die Gerechten je vertilgt? (Hiob 4,7) Damit meinten die Freunde: Hiob, öffne dich, du hast da ein Problem – ansonsten wärst du viel gefasster und würdest dich langsam, trotzdem aber sicher in dein Unglück fügen. Hiob wehrte sich gegen die Überzahl der Tröster: Nicht er, Gott sei schuld. *Er bringt den Frommen um wie den Gottlosen.* (Hiob 9,22)

Die Freunde redeten, als ob sie Fleisch gewordene Andachtsbüchlein seien: *Wenn aber du dein Herz auf ihn richtest und deine Hände zu ihm ausbreitest, wenn du den Frevel in deiner Hand von dir wegtust, dass in deiner Hütte kein Unrecht bliebe: so könntest du dein Antlitz aufheben ohne Tadel und würdest fest sein und dich nicht fürchten.* (Hiob 11,13-15) Das war zu Schmalz gewordene Frömmigkeit. Wie reagieren? Am besten gnädig schweigen oder aber fliehen. Hiob tat keins von beidem. Ans Krankenbett gefesselt, konnte er den Seelsorgern nicht entkommen. Sie säuselten: Wenn du deine Dunkelheiten in dir löst, löst sich alles andere. Hiob schrie: *Ich habe das schon oft gehört. Ihr seid allzumal leidige Tröster!* (Hiob 16,1) Schweigende Freunde hätten trösten können. Doch Hiob flehte vergeblich: *Hört doch meiner Rede zu und lasst mir das eure Tröstung sein!* (Hiob 21,2)

Was bedeutet das: „Der HERR ist mein Hirte“? Eine Idylle mit rauen Zwischentönen (Psalm 23)

Ich genieße es, wenn alles stimmt. Dann ist die Welt ein Kissen, das mir Ruhe gibt. Alles ist in warmes Licht getaucht, die Musik spielt zu meinen Gunsten. Da ist kein Ton, der schief gerät. Es ist wie am Kachelofen. Wärme strömt in mich, wenn ich den idyllischen Gesang aus der großen und poetischen Liedersammlung der Psalmen höre: *Der HERR ist mein Hirte, mir wird nichts mangeln.* (Ps 23,1) Wenn nichts fehlt, bin ich gern bereit ein Schaf zu sein. *Er erquicket meine Seele.* Alles ist wundersam harmonisch. *Er weidet mich auf einer grünen Aue und führet mich zum frischen Wasser.* (Ps 23,3.2) Es plätschert, Vögel singen und Gott streichelt mich sehr zärtlich.

Nur, droht die Haut bei permanentem Streicheln nicht wund zu werden? Von zu viel Süße wird mir schlecht. Ich schmiege mich an Gott wie an einen Teddybär – doch wenn er nicht laut brummen kann, wird mich auch die Idylle nicht mehr trösten. Denn mein Leben besteht nicht nur aus Plüsch und Zottelfell. Nicht alle sind mir wohlgesonnen. Also wünsche ich mir, dass jemand in Gefahr an meiner Seite steht. Ich habe Glück: Das Lied vom Hirten und vom Schaf verschweigt nicht den Schrecken. *Du bereitest vor mir einen Tisch im Angesicht meiner Feinde.* (Ps 23,5) Das ist eine Freude – eine große Schadenfreude. Denn Gott tut Gutes, ohne so zu tun, als gäbe es nur Gutes. Aufgeraut ist die Idylle in diesem Lied. Die Leute, die mir Böses wollen, übergeht das singende Gebet nicht. Sie bedrohen mich. Sie kichern, rumoren und stellen Fallen. Sie verbreiten Lügen und versuchen einen wegzuekeln. Ihre Freude: dass sie mich am Boden sehen. Da ist keine grüne Aue mehr, nirgendwo finde ich ein Streicheln. Feinde übertönen Vogelgezwitscher und Wasserplätschern spielend. Trotzdem darf ich lachen. Denn Gott deckt mir den Tisch – nicht heimlich, sondern so, dass es alle sehen können. Ich darf essen, trinken und ich singe. Im Angesicht derer, die mich verfolgen, klingt meine Stimme groß: *Gutes und Barmherzigkeit werden mir folgen mein Leben lang.* (Ps 23,6)

Was tun, wenn Gott der Retter schläft?

Ein Lied gegen den Tod (Psalm 30)

Gott lächelt und möchte, dass die Menschen lächeln. So soll er sein, so wird er hoffentlich auch sein. Und wenn Gott jemanden weinen lässt, dann findet er ein Taschentuch, das die Tränen trocknet. *Denn sein Zorn währet einen Augenblick und lebenslang seine Gnade. Den Abend währet das Weinen, aber des Morgens ist Freude.* (Ps 30,6) Gott ist ein Gott, auf den ich mich verlassen kann, singt dieses Lied. Und ich summe die Gewissheit gerne mit. Wie die Sonne wiederkehrt, so sicher wird Gott leuchten. Auf jeden Abend folgt ein Morgen. Aus dem Ende wächst sofort ein Anfang. Und ich sagte jedem, *als es mir gut ging: Ich werde nimmermehr wanken.* (Ps 30,7) Das ist eine Ruhe, die durch nichts erschüttert werden kann. Dafür verantwortlich ist Gott höchstpersönlich – was nur einen Haken hat. Wenn Gott aus seiner Garantie der Sicherheit ausschert, geht die Sonne zwar noch immer auf – doch sein Taschentuch suche ich vergeblich. *Als du dein Antlitz verbargest, erschrak ich.* (Ps 30,8) Plötzlich ist Gott anders, unverständlich, rätselhaft. Meine Haut wird dünn. Gott schiebt mich an den Abgrund. Ich sehe Einsamkeit, die Angst, ich blicke hinunter in den Tod. Und Gott, der Retter, schläft. Hat er etwa abgedankt? Ich will beten, ach, was heißt schon beten: Ich werde rufen, schreien, Gott da oben am Zipfel seines Kleids erwischen. Nein: Ich werde ihn mit beiden Händen packen und dann schütteln, ihn mit Füßen treten. Alle Anstandshüllen lasse ich jetzt fallen. Schluss mit süßen Worten, schüchtern lasse ich mich nicht begraben. Ich werde Gott erpressen: Hochverehrter, du anscheinend gar nicht mal so guter Gott, du bringst dich um deinen guten Ruf, wenn du mich jetzt fallen lässt. *Was nützt dir mein Blut, wenn ich zur Grube fahre? Wird dir auch der Staub danken und deine Treue verkündigen?* (Ps 30,10) Ob jemand, der so mit Gott spricht, die Freude wiederfindet, kann niemand garantieren. Doch wenn nichts mehr hilft, dann hilft es vielleicht, Gott zu rügen. Ich bitte ihn zum Tausch. Hilfst du mir, dann werde ich dir singen: *Du hast mir meine Klage verwandelt in einen Reigen, du hast mir den Sack der Trauer ausgezogen und mich mit Freude gegürtet, dass ich dir lobsinge und nicht stille werde.* (Ps 30,12.13)

FRAGE 041

Was macht der Schöpfer eigentlich am Feierabend?
Gott tanzt, schwimmt und spielt (Psalm 104)

Anfangs hatte Gott kaum eine Minute frei. In sechs Tagen schuf er den Himmel und die Erde. Dann holte er tief Atem *und ruhte am siebenten Tag von allen seinen Werken, die er gemacht hatte.* (1Mose 2,2) Nur, wie sollte es jetzt weitergehen? War der Schöpfer deprimiert – wie das oft üblich ist, wenn sich ein großer Plan erfüllt? Setzte er sich nach sechs Arbeitstagen als Pensionär zur Ruhe? Oder krempelte er die Ärmel hoch, um die Bilanzen seiner Schöpfung aufzupeppen? Nichts von alledem. Gott arbeitete am achten Tag bereits schon wieder – aber nicht als Workaholic. Eine Vielzahl von Berufen streift er sich über, schildert ein Lied aus dem Buch der Psalmen, das ihm zugesungen wird. Er ist eine Tänzerin, die sich wunderbar verkleiden kann. *Du bist schön und prächtig geschmückt, Licht ist dein Kleid, das du anhast.* (Ps 104,1.2) Gott will nicht alles alleine machen, sondern arbeitet mit anderen zusammen: *Du fährst auf den Wolken wie auf einem Wagen und kommst daher auf den Fittichen des Windes, der du machst Winde zu deinen Boten und Feuerflammen zu deinen Dienern.* (Ps 104,3.4) Selbst mit einigen Millimetern Fortschritt gibt sich der Gärtner Gott zufrieden. *Du lässest Gras wachsen für das Vieh und Saat zu Nutz den Menschen.* (Ps 104,14) Aber warum kümmert er sich nur um solche Kleinigkeiten? Damit *du Brot aus der Erde hervorbringst, der Wein des Menschen Herz erfreue und sein Antlitz schön werde vom Öl.* (Ps 104,15) Gott gleicht einem Musiker. Jedem Tag haucht er der Welt von neuem Atem ein und bringt sie zum Klingen. Was er anpackt, ist ohne Zweck, ein Überfließen. *Da ist das Meer, das groß und weit ist, da wimmelt's ohne Zahl, große und kleine Tiere.* (Ps 104,25) Sich zur Besinnungslosigkeit verausgaben will Gott nicht. Seine Ideen findet er im Spiel. Den Feierabend genießt er täglich. Er springt ins Meer. Mit großen Armen pflügt er durch die Wellen zu den großen Fischen, *die du gemacht hast, damit zu spielen.* (Ps 104,26)

Was wird aus den vielen Tränen?
Eine wachsende Verwandlung (Psalm 126)

Es wird so gut wie alles untersucht, doch danach forschte bislang noch keiner. Ich zumindest habe in keiner Zeitung einen Bericht, in keiner Buchhandlung ein Buch gefunden, die erklären: Was wird aus den Tränen, die vergossen werden? Selbstverständlich weiß ich: Sie verdunsten oder sie versickern. Sie werden weggestrichen und dann trocknen sie. Allerdings stehen die Tränen ja auch für Schmerzen, die nicht so leicht verschwinden. Was passiert mit Angst, Verzweiflung und dem Nicht-weiter-Wissen? Natürlich: Ich kann lernen, mit dem Schmerz zu leben, doch das ist mir zu wenig. Ich würde lieber glauben, was manche Leute sagen: dass der Schmerz zur Freude wird. Diesen Satz würde ich gern träumen – es fällt mir indessen schwer. Denn er klingt bilderlos. Dazu verbreiten Menschen, die sich auf ihn berufen, den Gestus der Sicherheit. So gewiss klingt er, dass die Tränen oft keine Zeit mehr haben, Schmerz zu sein. Sie werden zwangsverpflichtet, sofort loszulachen. Das ist gestellte Freude.

Im Buch der Psalmen finde ich Bilder, die den Schmerz verwandeln, ohne ihn rasch wegzuwischen. *Die mit Tränen säen, werden mit Freuden ernten. Sie gehen hin und weinen und streuen ihren Samen und kommen mit Freuden und bringen ihre Garben.* (Ps 126,5.6) Keine Träne wird umsonst vergossen. Sie verschwinden nicht im Nirgendwo, sondern fallen in eine Erde, die sehr fruchtbar ist. Allerdings: Erst kann ich gar nichts sehen, ich ahne höchstens etwas. Dann die ersten Zeichen, zarte Pflänzchen, die sich aus dem Boden regen. Das ist noch lange keine Freude. Immerhin kann ich jetzt sehen, wie sich die Tränen verwandeln. Da keimt etwas, das kräftiger wird und grün. Wie viel Zeit vergeht, kann niemand sagen. Jede Pflanze wächst in einem anderen Rhythmus. Doch niemand soll sagen, sie brächte keine Früchte. Das Schmerzenssalz der Tränen kann Dünger sein. Beim Vergießen schmecken sie bitter, die Erntefrüchte freilich sind ohne Gift und Restbestände. Der Saat folgt eine Ernte – dieser Satz ist eine Hoffnung und nährt sich doch auch aus Erfahrung. Der Lese folgt ein Fest. Nicht alle können feiern. Viele Tränen befinden sich noch im Boden, in den auch immer wieder neue fallen. Die Musik aber beginnt schon, zum Fest aufzuspielen. Die Tische werden nicht eher abgeräumt, bis alle jubeln können.

FRAGE 043

Was tun, wenn die Worte fehlen?
Ein Konzert mit vielen Instrumenten (Psalm 150)

Irgendetwas Kluges, besonders Schönes soll es sein, am besten ein Gedicht. Wenn das Leben mich ergreift oder die Wimpern streift, dann möchte ich den Mund aufmachen. Jedes Mal scheinen sich die Worte zu verstecken. Wenn ich das Leben feiern und Gott beschenken will, öffnet sich mein Mund. Er ist bereit zum Rezitieren, die Augen aber finden keinen Text.

Soll ich den Stift ergreifen, um Worte hin- und herzuschieben? Wenn sie sich dann fein geordnet haben, werde ich sie für meine Hymne herbeizitieren können. Nein, so lange will ich nicht warten, so lange kann ich nicht an Worten tüfteln. Wenn das Leben mich überfällt, muss ich gar nichts sagen. Ich lausche. Wenn ich auf die Stimmen höre, die sich durch das Leben fädeln, werde ich beginnen, selber loszuklingen. Eine Hymne aus der Bibel rät, Gott musikalisch zu beschenken. *Lobet ihn mit Posaunen, lobet ihn mit Psalter und Harfen! Lobet ihn mit Pauken und Reigen, lobet ihn mit Saiten und Pfeifen! Lobet ihn mit hellen Zimbeln, lobet ihn mit klingenden Zimbeln!* (Ps 150,3-5) Keine ausgefeilten Worte, keine großen Stimmen, jedes Instrument tönt mit. Es reicht auch ein Geräuschemachen – und es ist noch nicht einmal ein Machen. Wenn das Leben mich ergreift, dann darf mein Mund wortlos offenstehen. Das genügt. Ich atme – das bereits fühlt sich an wie Musik, wunderschön komponiert. Mein Atem, aller Odem klingt, ich lebe. Jubilierend höre ich dem Jubel zu: *Alles, was Odem hat, lobe den HERRN! Halleluja!* (Ps 150,6)

Wie viel Honig verträgt das Leben? Im gelobten Land (Sprüche Salomos; Hoheslied 4)

Der Sommer war zu schmecken – jedes Jahr wieder, wenn wir in Urlaub waren. Zu Füßen der dichten Tannenwälder wuchs Heidelbeergestrüpp. Walderdbeeren versteckten sich am Boden, und Himbeeren gab es genug. Im Schatten der Stämme suchten Bienen Honig. Vom Frühstückszimmer des Hauses, in dem wir den Urlaub über wohnten, konnten wir die Fichten und Tannen sehen. Das Brötchen bestrich ich mit Butter, dann floss Honig darauf. Es schmeckte wunderbar. Entsprechend nicke ich, wenn die Sprüche Salomos raten: *Iss Honig, mein Sohn, denn er ist gut, und Honigseim ist süß deinem Gaumen.* (Spr 24,13) Doch wie viel Honig kann ich überhaupt vertragen? Schließlich besteht das Leben nicht nur aus Urlaub und aus Honigbrötchen. Es ist harte Arbeit und schmeckt oft bitter. „Deswegen immer realistisch und maßvoll bleiben", raten viele lebenskluge Menschen. Lebensklug wollen auch die Sprüche Salomos sein. Sie sind gesammelt worden, um im Alltag Halt zu geben. Passend also, dass sie wiederum auch um die Grenzen des Genusses wissen: *Findest du Honig, so iss davon nur, so viel du bedarfst, dass du nicht zu satt werdest und speiest ihn aus.* (Spr 25,16)

Die Sprüche Salomos können sich beim Thema Honig also nicht entscheiden. Einerseits: „Er ist süß und darum iss!" Andererseits: „Aber bitte nicht zu viel." Vielleicht sollte ich das honigsüße Leben lieber völlig meiden? Schließlich kann Honig, auch davon wissen die Sprüche, sehr gefährlich werden: *Die Lippen der fremden Frau sind süß wie Honigseim, hernach aber bitter wie Wermut.* (Spr 5,3.4) Diese Empfehlung schaut weit voraus: Der Verzicht auf die Süße der Gegenwart wird mit möglichen Gefahren der Zukunft begründet. Außerdem hält Honig, selbst wenn man sparsam ist, nicht lange vor. Irgendwann beginnt er zu kristallisieren. Eine Frühstücksqual ist das! Mit dem Messer muss ich aus dem Honig Stücke sägen, das Träufeln ist Vergangenheit. Das letzte Glas Honig, das ich besaß, trocknete schließlich sogar ein. Also nie mehr Honig? Wenn Sommer ist, beginnt in mir die Frage nach der Honigsüße dennoch unaufhaltsam loszusummen. Die Sprüche Salomos helfen mir jetzt nicht mehr weiter, weil sie sich in Widersprüche verheddern. Also blättere ich weit über sie hinaus und suche nach einem Land der Sehnsucht und der Süße, das ich loben kann. Kanaan sagt die Bibel dazu. Es ist das Land, für das das Volk Israel bereit war, 40 Jahre durch die Wüste zu wandern, das gelobte Land, *darin Milch und Honig fließt.*

(2Mose 3,8) Kristallhart wird der Honig hier nicht, er bleibt immer flüssig. Er schmeckt auch nicht nach Wermut. Über Honig in abgepackten Plastikdöschen lacht sich das gelobte Land schief. Frische regiert und Überfluss. Und manchmal kann man in dieses Land geraten – egal, an welchem Ort man lebt. *Von deinen Lippen träufelt Honigseim. Honig und Milch sind unter deiner Zunge.* (Hhld 4,11) Bei meinem letzten Einkauf lag ein Glas Honig im Korb. Auf dem Frühstückstisch hat es jetzt einen Ehrenplatz. Jeden Morgen spreche ich mir zu: *Iss Honig, mein Sohn, denn er ist gut.* (Spr 24,13) Im gelobten Land wird mir nicht schlecht.

Was tun bei Selbstmitleid und Langeweile?
Zweifeln, Jammern, Essen, Trinken (Buch des Predigers)

Wenn die Tage kürzer werden, wird das Jammern länger. Doch nicht nur im Herbst kann sich das Leben wie Kaugummi ziehen. *Was geschehen ist, ebendas wird hernach sein. Was man getan hat, ebendas tut man hernach wieder, und es geschieht nichts Neues unter der Sonne.* (Pred 1,9) Selbst bei Sonnenschein scheint alles vergeblich zu sein, diagnostiziert das Buch des Predigers. Er ist ein Experte in Sachen Selbstmitleid und Langeweile. Alles wird mühsam, überall beginnt es zu zwicken. So lautet sein Refrain, der einen dazu verleitet, in der eigenen Umgebung Ähnliches zu finden. Ich setze mich in den Sessel. Im Fernsehen kommen Wiederholungen. Nichts Frisches – jede Idee ist schon da gewesen. Kindliche Entdeckungsfreude liegt Generationen zurück. Was nun? Man könnte sich natürlich bilden. Wer sehr viel weiß, sieht sein Leben klarer und erkennt – ja, was? Dass das Leben voller Langeweile ist. *Denn wo viel Weisheit ist, da ist viel Grämen, und wer viel lernt, der muss viel leiden.* (Pred 1,18)

Der Prediger jammert und klagt auf kultivierte Weise – doch selbst ihm wird es gelegentlich zu viel. Dann spricht er von Oasen, die das Leiden an sich selber unterbrechen: *So geh hin und iss dein Brot mit Freuden, trink deinen Wein mit gutem Mut; denn dies dein Tun hat Gott schon längst gefallen.* (Pred 9,7) Das Feiern aber, fällt der feinsinnig zweifelnde Prediger sich selbst ins Wort, geht dummerweise nicht besonders in die Tiefe. Es ist nur eine kurze Freude. Denn *alles Mühen des Menschen ist für seinen Mund, aber sein Verlangen bleibt ungestillt.* (Pred 6,7) Und trotzdem: Wenn die Traurigkeit herankriecht, helfen handfeste Tipps eher als das Philosophieren und Lamentieren. *So sah ich denn, dass nichts Besseres ist, als dass ein Mensch fröhlich sei in seiner Arbeit; denn das ist sein Teil.* (Pred 3,22) Auch Gesellschaft hilft. Sie muss ja nicht gleich paradiesisch sein. *So ist's ja besser zu zweien als allein; denn sie haben guten Lohn für ihre Mühe. Fällt einer von ihnen, so hilft ihm sein Gesell auf. Weh dem, der allein ist, wenn er fällt! Dann ist kein anderer da, der ihm aufhilft.* (Pred 4,9.10)

FRAGE 046

Ein Gebet für die Liebe?
Das höchste Lied der Bibel (Hoheslied)

Lied der Lieder wird es genannt. Es gilt als das höchste der Bibel, doch Gott wird darin fast nie genannt. Hat es also in der Bibel wirklich einen Ehrenplatz verdient? Die Bilder, die zum Klingen kommen, sind wundersam, sind Sehnsucht, Schmerz, sind wuchtig, zärtlich, feierlich. Liebesduette und Sehnsuchts-Soli klingen, harmonisch sind die Melodien, ineinander verwoben, klagend, dramatisch und lustvoll lebendig. Denn *da ist die Stimme meines Freundes! Siehe, er kommt und hüpft über die Berge und springt über die Hügel.* (Hhld 2,8) Die Liebe rennt, doch sie lässt sich nicht zwingen. Sie muss atmen, sie braucht Ruhe. *Ich beschwöre euch, ihr Töchter Jerusalems, dass ihr die Liebe nicht aufweckt und nicht stört, bis es ihr selbst gefällt.* (Hhld 8,4) Sie wacht auf und beginnt, wie ein Traum zu flirren. Sie leiht sich die Süßigkeit der Früchte, das Wilde und Sanfte von den Tieren. Der Alltag wird mit Schönheit überflutet. Sie ist *ein Apfelbaum unter den wilden Bäumen* (Hhld 2,3), *meine Taube in den Felsklüften* (Hhld 2,14), *deine Haare sind wie eine Herde Ziegen, die herabsteigen vom Gebirge Gilead* (Hhld 6,5), *deine Lippen sind wie eine scharlachfarbene Schnur, und dein Mund ist lieblich. Deine Schläfen sind wie eine Scheibe vom Granatapfel* (Hhld 4,3). Leicht und endlos kräftig ist sie: *Denn Liebe ist stark wie der Tod und Leidenschaft unwiderstehlich wie das Totenreich.* (Hhld 8,6) Sie segelt sanft, steht still und schwebt – und wird gepackt, ergriffen, angegriffen, hinabgezogen in den Schmerz. Da regt sich die Vergeblichkeit. Das Lied der Lieder tut so weh. Da ist der Freund, der anklopft. *Aber als ich meinem Freund aufgetan hatte, war er weg und fortgegangen. Meine Seele war außer sich, dass er sich abgewandt hatte. Ich suchte ihn, aber ich fand ihn nicht; ich rief, aber er antwortete mir nicht.* (Hhld 5,6) Entwischt ist die Liebe, am Rockzipfel lässt sie sich manchmal greifen, nicht befehlen. Zu fassen ist sie mit offener Hand. Besungen wird die Geliebte, die *ist lieblicher als Wein, und der Geruch deiner Salben übertrifft alle Gewürze. Du bist gewachsen wie ein Lustgarten von Granatäpfeln mit edlen Früchten, Zyperblumen mit Narden, Narde und Safran, Kalmus und Zimt, mit allerlei Weihrauchsträuchern, Myrrhe und Aloe, mit allen feinen Gewürzen. Ein Gartenbrunnen bist du, ein Born lebendigen Wassers, das vom Libanon fließt.* (Hhld 4,10.13.14.15) Die Liebe lockt, sie will die Liebenden zum freien Spiel verführen. *Steh auf, Nordwind, und komm, Südwind.* Sie ruft über sich hinaus, ruft Gott und ruft ihn nicht mit Namen. *Wehe durch meinen Garten, dass der Duft seiner Gewürze ströme!* Ein Gebet, das Gebet nicht heißt. Dem Höchsten schmeichelt es und faltet nicht die Hände, die Liebe singt mit ausgestreckten Armen. *Mein Freund komme in seinen Garten und esse von seinen edlen Früchten.* (Hhld 4,16) Kleinkariert ein Gott, der die Sehnsucht nicht hören würde.

FRAGE 047

Warum wirbt Gott um die, die sich bei ihm nicht bewerben? Berufungen von Propheten (2Mose 4; Jona; Jeremia 1)

Sie seien lustlos, ohne rechte Qualifikation und irgendwie nicht fromm genug. So sagen sie. Doch Gott wollte niemand anderes als sie. Beispielsweise Mose. Er bekam den Auftrag, vor dem Pharao zu schimpfen: „Du schindest das Volk Israel – lass es frei aus deiner Sklaverei!" Mose aber lehnte Gottes Auftrag ab: Der ägyptische Herrscher würde sich vor Lachen auf die Schenkel klopfen. Und überhaupt: Gott solle die Kriterien zur Auswahl seiner Angestellten einmal selbstkritisch unter die Lupe nehmen. *Ich bin von jeher nicht beredt gewesen, auch jetzt nicht, seitdem du mit deinem Knecht redest; denn ich hab eine schwere Sprache und eine schwere Zunge.* (2Mose 4,10) Gott ließ das nicht gelten. So wurde Mose laut Bibel Prophet Nummer eins – bevor viele Generationen später andere große Propheten auf die Bühne traten. Die fühlten sich indes meist klein. Trotzdem: Verguckt hatte Gott sich auch in Jeremia. Er berief diesen *zum Propheten für die Völker.* (Jer 1,5) Wer kann schon mehr erreichen? Prophet für alle Völker ist ein Beruf von internationalem Rang. Jeremia sagte ab: *Ich tauge nicht zu predigen; denn ich bin zu jung.* (Jer 1,6) Der Auftraggeber betörte Jeremia – wie dieser zu berichten weiß – mit einer zärtlichen Geste. *Der HERR streckte seine Hand aus und rührte meinen Mund an und sprach zu mir: Siehe, ich lege meine Worte in deinen Mund.* (Jer 1,9)

Bei Jona hätte Gott auch mit Zärtlichkeit nichts erreichen können. Denn auf Gottes Bewerbungsgespräch ließ der sich erst gar nicht ein. „Nichts wie weg", dachte Jona. Und nur nicht nach Ninive, wie Gott das wünschte. *Er wollte vor dem HERRN nach Tarsis fliehen.* (Jona 1,3) Jona bestieg ein Schiff, es folgt ein Sturm auf hoher See. Ins Meer wird er geworfen. Ein Fisch verschlingt Jona, transportiert ihn drei Tage und drei Nächte, speit ihn an Land. Wozu diese kuriosen Dinge? Damit Gott erneut um Jona werben konnte. Diesmal sagte Jona zu, so dass die Stadt Ninive, der der ausgespuckte Prophet den Untergang androhte, letzten Endes sogar gerettet wurde. Ende gut, Vorhang zu. Die Frage bleibt, warum Gott ausgerechnet die gern will, die eigentlich nicht wollen. Weil sie sich vielleicht nicht wie kleine Götter fühlen? Sie drängeln nicht nach vorn. Sie nerven Gott nicht mit perfekten Lebensläufen und Zeugnissen aus lauter Einsernoten. Gott freilich nestelt gerade aus ihnen besondere Fähigkeiten heraus. Die sich nicht recht trauen, sind ihm vertrauenswürdig. Gott scheut keine Mühen, um die Scheuen zu gewinnen.

Kann Frieden auch spannend sein? Ein phantastisches Reich (Jesaja 11 + 65)

Gute Geschichten leben von Konflikten. So heißt eine Regel fürs Erzählen. Wer vom Frieden spricht, muss sich oft sagen lassen: „Ach, wie langweilig ist das." Und zugegeben: Wenn Prophet Jesaja seine Friedensbilder zeichnet, mag das zwar phantastisch klingen, doch passiert nicht viel. *Da werden die Wölfe bei den Lämmern wohnen und die Panther bei den Böcken lagern.* (Jes 11,6) Alle liegen friedlich beieinander – als ob die Welt aus Stofftieren bestünde. Wunderbar! Nur Abenteuer können auf diese Weise natürlich nicht entstehen. Kein

Tier, das brüllt und andere fressen will. Die Szenerie gleicht einem Zoo, in dem Kinder die Tiere streicheln dürfen – ohne Gitter und Gefahr. *Ein kleiner Knabe wird Kälber und junge Löwen und Mastvieh miteinander treiben. Kühe und Bären werden zusammen weiden, dass ihre Jungen beieinander liegen, und Löwen werden Stroh fressen wie die Rinder. Und ein Säugling wird spielen am Loch der Otter, und ein entwöhntes Kind wird seine Hand strecken in die Höhle der Natter.* (Jes 11,6-8) Aber seltsam: Trotz der Friedlichkeit versetzen mich diese Bilder in Spannung – manchmal stockt mir der Atem: Das Kind wird in die Höhle der Natter greifen – geht das wirklich gut? Die Rede Jesajas kann in Aufregung versetzen, weil er Friedensbilder wählt, die den gewohnten Schrecken nicht vergessen. Sie sind gesprochen für ein Volk, das lang genug in Tränen saß. In Jesajas Worte vom Frieden, den Gott schaffen will, sind Leid und Kriegserfahrungen eingewoben. *Und ich will fröhlich sein über Jerusalem und mich freuen über mein Volk. Man soll in ihm nicht mehr hören die Stimme des Weinens noch die Stimme des Klagens. Es sollen keine Kinder mehr da sein, die nur einige Tage leben, oder Alte, die ihre Jahre nicht erfüllen.* (Jes 65,19.20) Diese Friedensankündigung erfrischt, weil sie die Umkehrung des Schreckens ist. Gott will endlich handeln. Lang genug hat er dem Grauen zugeschaut. Lahm saß er da, die Ohren zu, die Augen sanft geschlossen. Jetzt gerät er in Bewegung. Jesajas Vision ist mehr als gut erzählt: Wenn Gott für Frieden sorgt, ist das aufregend genug und bitter nötig für die, die aus dem Schrecken kommen.

Bringen Scherben Glück?
Ein zerschmetterter Krug (Jeremia 19)

Es war kein Missgeschick, sondern geschah mit voller Absicht. Gott selbst hatte die Idee. Er sprach zum Propheten Jeremia: *Geh hin und kaufe dir einen irdenen Krug vom Töpfer und nimm mit etliche von den Ältesten des Volks und von den Ältesten der Priester.* (Jer 19,1) Und Jeremia nahm den Krug und lotste die ehrenhaften Leute in ein Tal, das vor dem Scherbentor Jerusalems gelegen war. Erst sollte er schimpfen und Worte zum Klirren bringen – dann entsprechend handeln: *Du sollst den Krug zerbrechen vor den Augen der Männer, die mit dir gegangen sind.* (Jer 19,10) Das erinnert an einen Polterabend. Nur wiesen die Scherben auf keine Hochzeit hin, sondern auf das Gegenteil: Die Partnerschaft Gottes mit seinem geliebten Volk lag in Scherben. *So spricht der HERR Zebaoth: Wie man eines Töpfers Gefäß zerbricht, dass es nicht ganz werden kann, so will ich dies Volk und diese Stadt zerbrechen.* (Jer 19,11) Gott war eifersüchtig – und zwar, *weil sie mich verlassen und diese Stätte einem fremden Gott gegeben und dort andern Göttern geopfert haben.* (Jer 19,4) Aber warum inszeniert Gott die Scheidung auf so eindrückliche Weise? Womöglich, weil die Enttäuschung ihn tief quälte. Hoffte er, dass ihn die Scherben am Ende doch noch glücklich machen könnten? Immer wieder ließ Gott den Propheten Jeremia sagen: „Ich meine es nicht mehr gut!" Vielleicht wollte Gott sein Volk erschrecken, um dadurch sein eigenes und tief erschrockenes Herz zu zeigen. Er hoffte in den Gesichtern den Schmerz zu lesen, den er in sich selber trug. Wer Geschirr zerschmeißt, ist wütend. Wer wütend ist, dem brennt das Herz. Wem das Herz brennt, dem ist sein Gegenüber nicht egal.

Wie unbeliebt kann man sich eigentlich machen? Das Joch Jeremias (Jeremia 20 + 28)

Musste er auch wirklich alles ins Negative ziehen? Jeremia schien es darauf anzulegen, sich unbeliebt zu machen. Er nahm kein Blatt vor den Mund und legte dazu auch noch ein Joch auf seine Schultern. Die Botschaft: „Israel wird verschleppt und unterjocht auf viele Jahre. Wunsch Gottes." Dabei befand sich ein Großteil Israels bereits in Gefangenschaft. Doch Jeremia setzte noch eins drauf: „Alle müssen weg, und nicht einer wird sein Zuhause wiedersehen."

Anders als Jeremia redete Hananja. Auch er war ein Prophet, aber einer, der den Menschen Hoffnung machte: „In zwei Jahren wird das Joch zerbrochen sein." Also keine neue Vertreibung, sondern die bereits Vertriebenen werden wiederkehren. Er verstärkte seine Worte ebenfalls mit einem Zeichen: *Da nahm der Prophet Hananja das Joch vom Nacken des Propheten Jeremia und zerbrach es.* (Jer 28,10) Nun hätte sich Jeremia endlich einmal trollen können – aber nein, wenn schon negativ, dann richtig. Also konterte er: *So spricht der HERR: Du hast das hölzerne Joch zerbrochen, aber du hast nun ein eisernes Joch an seine Stelle gesetzt.* (Jer 28,13)

Wollte Jeremia sich selbst kasteien? Gefiel ihm das etwa, wenn man ihn verachtete? Es war ein anderer Grund, der ihn immer wieder dazu trieb, den Menschen nicht zu schmeicheln. *HERR, du hast mich überredet, und ich habe mich überreden lassen. Du bist mir zu stark gewesen und hast gewonnen.* (Jer 20,7) Jeremia hätte sich durchaus vorstellen können, auch einmal gelobt zu werden. Es schmerzte, sich ständig unbeliebt zu machen. *Ich bin darüber zum Spott geworden täglich, und jedermann verlacht mich. Denn sooft ich rede, muss ich schreien. „Frevel und Gewalt!", muss ich rufen.* Verständlich, dass Jeremia den Ausstieg suchte. Er beschloss: *Ich will nicht mehr an ihn denken und nicht mehr in seinem Namen predigen. Aber es ward in meinem Herzen wie ein brennendes Feuer, in meinen Gebeinen verschlossen, dass ich's nicht ertragen konnte; ich wäre schier vergangen.* (Jer 20,7-9) So geschah es jedes Mal, wenn Jeremia Gott kündigen wollte. Er musste weiter reden – unabhängig davon, ob man über ihn kicherte. Gegen das Feuer in sich kam er nicht an. Hananja liebte es, dem Publikum zu gefallen. Den längeren Atem aber hatte Jeremia. Von ihm gibt es ein Prophetenbuch, das heute noch gelesen wird, von Hananja keine Zeile. Ein schwacher Trost für Jeremia – ein großer Trost für die, die nicht jeder Stimmung folgen, die Erfolg verspricht.

Kann in der Trostlosigkeit noch etwas trösten?

Oase des Schmerzes (Klagelieder des Jeremia 1)

Es ist ein kalter Schlag, ein Schock, vielleicht sogar das Ende. Wenn Hoffnungsbilder in sich zusammenstürzen, bleibt nichts als Schmerz. Sofort melden sich die vielen Worte. Es gibt eine Menge Menschen und Bücher, die verlauten lassen: „Eine Krise ist auch eine Chance. Im Tod verbirgt sich Leben. In der Trennung liegt der neue Anfang." Diese Sprüche mögen stimmen, ich will sie nicht verhöhnen. Nur sind sie schrecklich und befremdlich, wenn der Schmerz den Menschen überschwemmt, der Schrecken raucht und sich nicht zur Ruhe legen will. Wer kann sich bewegen, wer hat jetzt noch Stimme? Da sind allenfalls noch Töne im Stil der Klagelieder Jeremias – Lieder aber ist zu viel gesagt. Es sind Tonfetzen, nicht eine sanft geschwungene Melodie ist hörbar. Ein Buch, das den Schrecken aus sich heraus nach draußen seufzt. Keine Hoffnung zwar – doch wichtiger: Ich finde nicht einen Satz, der dem Schmerz die Berechtigung abspräche. Und ich entdecke einen Hilferuf. *Euch allen, die ihr vorübergeht, sage ich: „Schaut doch und seht, ob irgendein Schmerz ist wie mein Schmerz, der mich getroffen hat.“* (Klgl 1,12) Einer, der im Schmerz steckt, seufzt und ruft, er wünscht: Besser als aller Trost wäre ein Leid, das wie meines ist. Das allein könnte nützen – wobei nützen das falsche Wort ist, es handelt sich ja um nichts, das sich verwerten ließe. Sicher ist nichts – außer vielleicht das: Die noch gehen können, können mich nicht trösten. Also bitte: Geht! Und sucht Schmerzen, die wie meine sind. Das könnte ich ertragen, wenn ich nicht allein getroffen wäre. Wer meinen Schmerz findet, soll es mir rasch sagen – dann aber mit keinem Wort kommentieren. Die Nachricht würde genügen. Sie wäre ohne Trost ein Trost.

FRAGE 052

Wieso schmecken Schreckensworte süß?
Belohnung für einen Propheten (Hesekiel 2 + 3)

Was Gott Hesekiel zu essen gab, sah furchtbar aus. Doch als er es probierte, zerging es wie Honig auf der Zunge. Dem geheimnisvollen Essen war eine Vision vorausgegangen: Hesekiel sieht den Himmel glitzern wie Kristall, hört Engelsflügel wie Wasser rauschen. Und auf einem Thron sitzt einer, der aussieht wie ein Mensch – und ist doch Gott! Der beruft Hesekiel zum Propheten, um den Israeliten zu sagen: „Ihr tragt Eure Nasen zu hoch. Und Gott ist euch egal.“ Nur, ob Hesekiel den heiklen Auftrag übernehmen wird? Schließlich wird Hesekiel – da ist Gott ehrlich – eine Menge Ärger bekommen: *Es sind stachlige Dornen um dich, und du wohnst unter Skorpionen. Das Haus Israel will dich nicht hören, denn sie wollen mich nicht hören, denn das ganze Haus Israel hat harte Stirnen.* (Hes 2,6; 3,7) Immerhin: Gott will sich nicht lumpen lassen: *Ich habe deine Stirn so hart wie einen Diamanten gemacht, der härter ist als ein Kieselstein.* (Hes 3,9) Mag die Stirn auch noch so hart sein – Erfolg wird Hesekiel keinen haben. Seine Worte wird niemand hören wollen, sie werden auch ihm selbst nicht schmecken. Es ist die Botschaft vom Gericht, die Gott ihm überreicht: *Da war eine Hand gegen mich ausgestreckt, die hielt eine Schriftrolle. Die breitete sie aus vor mir, und sie war außen und innen beschrieben. Und darin stand geschrieben Klage, Ach und Weh.* (Hes 2,9.10) Es kommt noch schlimmer: *Du Menschenkind,* sagt Gott, *iss, was du vor dir hast!* (Hes 3,1) Diese Schmerzenszeichen und Schauerworte soll Hesekiel sich einverleiben?! Das klingt, als ob ein Schüler mathematische, auf Papier geschriebene Formeln verspeisen soll, um sie zu lernen. Eine eklige Rolle. *Da aß ich sie, und sie war in meinem Munde so süß wie Honig.* (Hes 3,3) In diesem Moment ist Hesekiel Prophet geworden – nur warum schmeckt die Grusel-Rolle süß? Weil Schauerworte die Wahrheit offenlegen. Zu viel des Friedens stößt sauer auf. Wenn ich Musikanten und weiche Träume in ewiger Wonne und Sonne über den Fernsehschirm gleiten sehe, rufe ich irgendwann: Stopp! Ich schalte ab, steige aus und sehne mich nach Worten voller Kernigkeit. Dann verstehe ich Hesekiels wilden Gaumen – und dass herbe Worte eine geheime Süße haben.

War Hesekiel ein Werbeprofi?
Eine göttliche Spielanleitung (Hesekiel 4 + 5)

„Aber ich bin doch nicht irgendjemand, sondern ein Prophet!" Sein Einspruch nutzte nichts, Hesekiel hatte wie in einem Sandkasten zu spielen – und das über Monate. Gottes Spielanleitung lautete: *Nimm dir einen Ziegelstein, den lege vor dich hin und entwirf darauf die Stadt Jerusalem und mache eine Belagerung. Baue ein Bollwerk um sie und schütte einen Wall gegen sie auf und schlag ein Heerlager auf.* (Hes 4,1.2) Und was dann? Der Modellbauer sollte zum Belagerer werden. *Nimm dir aber eine eiserne Platte und lass sie eine eiserne Mauer sein zwischen dir und der Stadt und richte dein Angesicht gegen sie und belagere sie.* (Hes 4,3) Das Schauspiel wurde in der Fußgängerzone Jerusalems vor den Augen der Passanten dargeboten. Es geriet zum Überlebenstraining. Denn Hesekiel musste wie ein Gefangener in Fesseln leben: 390 Tage sollte er sich auf die linke und dann noch einmal 40 Tage auf die rechte Seite legen – nicht so viele Tage, aber entsprechend viele Jahre würden die beiden Staaten Israels in der Gefangenschaft schmachten. Wenigstens durfte Hesekiel bei diesem mehr als ernsten Spiel essen und trinken, aber nicht nach Lust und Laune. *Das Wasser sollst du auch abgemessen trinken, nämlich den sechsten Teil von einer Kanne; so viel darfst du von einem Tag zum andern trinken. Gerstenfladen sollst du essen, die du vor den Augen der Leute auf Menschenkot backen sollst.* (Hes 4,11.12) „Jetzt reicht's", rief Hesekiel. Und Gott? Der zeigte sich nur mäßig gnädig. *Ich will dir Kuhmist statt Menschenkot zulassen.* (Hes 4,15) Am Ende der Belagerung, nach über einem Jahr, kam das Finale. *Nimm ein Schwert und brauche es als Schermesser und fahr damit über dein Haupt und deinen Bart und nimm eine Waage und teile das Haar: Ein Drittel sollst du mit Feuer verbrennen mitten in der Stadt, wenn die Tage der Belagerung um sind; ein anderes Drittel nimm und schlag's mit dem Schwert ringsumher; das letzte Drittel streue in den Wind.* (Hes 5,1.2) Das hieß: Ein Drittel des Volkes wird an Pest sterben, ein zweites fällt durchs Schwert, ein drittes wird zerstreut in alle Winde.

Ein Spiel, das zutiefst schockierte. Mit Andachten inklusive oder exklusive Gemeindegesang, mit Ansprachen, Werbegeschenken, Plakaten an Litfaßsäulen oder einer prophetischen Internetpräsenz hätte Hesekiel kaum solche Wirkung erzielen können. Dieser Prophet war radikal, er wollte die Gewohnheit ins Stolpern und Menschen zum Schlucken bringen. War er ein Vorläufer moderner PR-Strategen? Er hoffte auf Aufmerksamkeit um fast jeden Preis, verkaufte freilich nichts. Für seine Inszenierungen erhielt er kein Geld. Hesekiel spielte die Drohung Gottes deshalb auf die Straße, um die Menschen aus den Fesseln ihrer vermeintlichen Sicherheit zu lösen.

Kann ein Fremder Gutes bringen? Ein Ausländer in der Löwengrube (Daniel 1 + 6)

Daniel stach heraus, er war einfach anders. Er *verstand sich auf Gesichte und Träume jeder Art.* (Dan 1,17) Dieser hebräische Prophet lebte im Reich der Meder, war also Ausländer. *Daniel aber übertraf alle Fürsten und Statthalter, denn es war ein überragender Geist in ihm. Darum dachte der König daran, ihn über das ganze Königreich zu setzen.* (Dan 6,4) König Darius wusste um die Klasse Daniels. Er achtete ihn sehr und verlangte nicht: „Integriere dich gefälligst mehr." Herrscher Darius war sich indes nicht immer treu. Das wollten ehrenwerte Meder, die auf noch mehr Ehre hofften, zu ihren Gunsten nutzen. Sie waren auf Daniel schrecklich eifersüchtig und hatten sich zum Ziel gesetzt, in ihrem Land das Fremde zu vernichten. So schlugen sie dem König vor, dass jeder, der *etwas bitten wird von irgendeinem Gott oder Menschen außer von dir, dem König, allein, zu den Löwen in die Grube geworfen werden soll.* (Dan 6,8)

Der Ausländer freilich lebte weiter wie zuvor. *Als nun Daniel erfuhr, dass ein solches Gebot ergangen war, ging er hinein in sein Haus. Er hatte aber an seinem Obergemach offene Fenster nach Jerusalem, und er fiel dreimal am Tag auf seine Knie, betete, lobte und dankte seinem Gott, wie er es auch vorher zu tun pflegte.* (Dan 6,11) Daniel gab seine Kultur nicht auf, mochten viele auch beanstanden, dass er in einer Parallelgesellschaft lebe. Für seine Neider war das Beten sogar ein Verbrechen. *Und sie warfen ihn zu den Löwen in die Grube. Und sie brachten einen Stein, den legten sie vor die Öffnung der Grube.* (Dan 6,17.18) König Darius, der seine Untreue zu dem von ihm geschätzten Fremdling längst bereute, hoffte auf ein Wunder: Daniel, der seinem Land sehr helfen konnte, sollte nicht zerrissen werden. Die Nacht brach an, der kluge Gefangene schlief zwischen den Tieren nicht, was sich leicht nachvollziehen lässt. Aber auch König Darius tat kein Auge zu, der Morgen brach an, da näherte er sich mit zögerlichem Schritt der Stätte, wo die Löwen lagerten. *Und als er zur Grube kam, rief er Daniel mit angstvoller Stimme. Und der König sprach zu Daniel: Daniel, du Knecht des lebendigen Gottes, hat dich dein Gott, dem du ohne Unterlass dienst, auch erretten können von den Löwen?* (Dan 6,21) Darius hörte kein triumphierendes Gebrüll, sondern die Antwort eines Menschen: Der Fremdling war am Leben. Er hatte die Löwen weder hypnotisiert noch sie mit Gift getötet. Daniel sagte, der ihm Kraft gegeben habe, ganz bei sich zu bleiben, sei in dieser Nacht bei ihm gewesen. *Mein Gott hat seinen Engel gesandt, der den Löwen den Rachen zugehalten hat, so dass sie mir kein Leid antun konnten.* (Dan 6,23)

FRAGE 055

Wieso wechseln Hoseas Kinder ihre Namen?
Eine ungewöhnliche Ehe (Hosea)

Hosea war nicht verliebt, heiratete aber dennoch. *Geh hin und nimm ein Hurenweib und Hurenkinder,* sagte Gott zu dem Propheten, *denn das Land läuft vom HERRN weg der Hurerei nach.* (Hos 1,2) Das klang äußerst deftig, was freilich kein Zufall war. Denn Gott war eifersüchtig. Das von ihm geliebte Volk pfiff auf ihn und betrog ihn mit anderen Göttern. Entsprechend sollte Hosea einer fremden, nicht geachteten Frau nachlaufen. Drei Kinder zeugte der Prophet mit ihr, was sich eigentlich noch in die Größenordnung einer gemütlichen Kleinfamilie fügt.

Doch die Namen, die Hosea den drei Kindern zu geben hatte, klangen alles andere als gemütlich: *Jesreel,* der erste Sohn, wurde nach einer Ebene in Israel genannt, die bekannt war als Schauplatz einer brutalen Tat aus der Vergangenheit des königlichen Herrscherhauses. Übersetzt hieß dieser Name: Gott will ein Ende machen mit dem Königtum in Israel. *Lo-Ruhama* nannte Hosea – wiederum auf Betreiben Gottes – die Tochter, die nach Jesreel geboren wurde: „Kein Erbarmen!", bedeutete das. Und als Hoseas Ehefrau Gomer ihre Tochter *Lo-Ruhama entwöhnt hatte, ward sie schwanger und gebar einen Sohn. Und er sprach: Nenne ihn Lo-Ammi, denn ihr seid nicht mein Volk, so will ich auch nicht der Eure sein.* (Hos 1,8.9) Die Idee Gottes, dem Schrecken gleich mehrere Namen zu geben, war geschickt. Die Zeichennamen wirkten stärker als jede Warnung, waren eindringlicher als alles Predigen. Nicht ganz so schön: Hosea und Gomer mussten allein deshalb eine Ehe führen, damit Gott seine Eifersucht ausleben konnte. Noch schlimmer werden die Kinder gelitten haben. Ein falsch gewählter Name – und das Kind wird von Hänseleien bereits im Kindergarten gepeinigt. Ein Schaden, der das ganze Leben haften bleiben kann. Was sollte nur aus diesen Kindern werden? Es kam anders als befürchtet. Gott und Israel gelang es, sich zusammenzuraufen. Gott schien vor Glück zu tanzen: *Ich will mich mit dir verloben für alle Ewigkeit, ich will mich mit dir verloben in Gerechtigkeit und Recht, in Gnade und Barmherzigkeit. Ja, in Treue will ich mich mit dir verloben, und du wirst den HERRN erkennen.* (Hos 2,21.22)

Wie es zu dieser Wendung im Herzen Gottes kam, weiß niemand. Womöglich hatte den Anstoß dazu sein schlechtes Gewissen gegenüber Hoseas Kindern gegeben. Sie waren unschuldig und Gott wollte sie nicht im Spott untergehen lassen.

Also fing der göttliche Namensgeber noch einmal von vorne an. Der Name Jesreel sollte nicht Schauplatz der Rache sein, sondern eine andere Assoziation erhalten. „Eine fruchtbare Ebene soll Jesreel sein und Israel fest eingepflanzt werden", versprach Gott. Und auch die beiden anderen Kinder Kein-Erbarmen und Nicht-mein-Volk erhielten nunmehr Ehrennamen. Ich will *mich erbarmen über Lo-Ruhama, und ich will sagen zu Lo-Ammi: „Du bist mein Volk", und er wird sagen: „Du bist mein Gott."* (Hos 2,25)

Geht Gott gerne in die Kirche? Vom gerechten Gottesdienst (Amos 5)

Beim Gottesdienstbesuch gibt es viel zu sehen und zu hören. Ich kann singen und beim Abendmahl einen Bissen vom göttlichen Brot zu mir nehmen. Ein Kirchgang ist vielleicht nicht immer spannend, schaden aber kann er nicht. Denn Gott ist schließlich in der Nähe – irgendwo im Kirchenschiff wird er schon sitzen. Allerdings: „Es sind zu wenige, die in die Kirche kommen", jammern viele und fordern: „Der Gottesdienst muss fröhlicher, feierlicher und gewandter werden. Wenn die Kirche lebendig ist, dann muss sie endlich wieder wachsen, wachsen, wachsen." Und es gibt sie ja tatsächlich: vor Freude überschäumende Zusammenkünfte. Das sind Fanfarenstöße eines lachenden Glaubens, Gottesdienste, die großen Festen gleichen. Alle Sinne werden angesprochen.

Das reicht vielen nicht. Damit Gottesdienste noch besser werden, gibt es Befragungen: Wie machen wir es den Besuchern recht? Streng adressaten- und zielgruppenorientiert soll alles werden. Der jedoch, der die meisten Gottesdienstbesuche auf dem Konto hat, erhält nur selten einen Fragebogen. Wollen wir also einmal persönlich von ihm hören, was er zum

Thema Gottesdienst zu sagen hat: *Ich bin euren Feiertagen gram und verachte sie und mag eure Versammlungen nicht riechen.* (Am 5,21) Gott, der fleißigste, prominenteste und womöglich ungefragteste Kirchenbesucher ärgert sich: Er will die heiligen Stätten nicht fliehen, das Hausrecht aber scheint er verloren zu haben. Mit seiner Sehnsucht kommt er nicht zum Zuge. *Tu weg von mir das Geplärr deiner Lieder; denn ich mag dein Harfenspiel nicht hören!* (Am 5,23) Ist es die Form des Gottesdienstes, die ihn ärgert? Gesang und Freude, Feierlichkeit und Hymnen, Gejauchze und Fanfaren stören ihn nicht immer. Prinzipiell wird ihm davon nicht übel, Gott soll ja selber ganz gut singen können. Was er aber hasst: feiern, wenn es nichts zu feiern gibt. Die Glaubenden sollen seinetwegen fröhlich singen, solange sie Ungerechtigkeit nicht mit Säuseln übertönen: *Es ströme aber das Recht wie Wasser und die Gerechtigkeit wie ein nie versiegender Bach.* (Am 5,24)

FRAGE 057

Was hat Amos gegen Happy Ends?
Gericht für die Prahler (Amos 5)

Ich mag Happy Ends – nur in der Wirklichkeit sind sie einem nicht immer vergönnt. Entsprechend können einen Leute gehörig ärgern, die ständig signalisieren: „Bei mir läuft niemals etwas schief." Sie erzählen mit aufgedrehter Stimme, meist dann, wenn man es überhaupt nicht hören will: „Komme, was da wolle. Glück, Erfolg und Gott sind auf meiner Seite." Aber was soll ich über andere schimpfen? Manchmal gehöre ich selbst zu denen, die denken: „Gott hat mich auserkoren, mir kann nichts passieren!" Zuversichtlich zu sein, das ist nicht verboten, wäre ja sonst auch schrecklich. Die Sache gerät freilich ins Kippen, wenn sich die Sicherheit so penetrant gebärdet, dass sie andere ins Dunkle drängt. Wenn ich mich unablässig in die Pose des Könners werfe, gleitet mein Blick bald schon lässig über die, die ratlos sind: „Warum eigentlich geht es denen nicht so gut?", frage ich mild lächelnd. „Die machen irgendetwas falsch." Ihr Unglück lässt mein Glück nur heller werden.

Der Prophet Amos wendet sich an die, die sich besonders klasse fühlen. Sie gehen ihm furchtbar auf die Nerven. Einmal wenigstens will er sie verwirren. Nur wie kann das gelingen? Amos versucht das Unmögliche, indem er die Prahler mit Bestätigungen lockt. Was er sagt, gleicht einem Abenteuerfilm. Ich schaue seine Worte wie im Kino. Wenn Gott ganz am Ende kommt und sein Tag anbricht, dann wird das sein, *gleichwie wenn jemand vor dem Löwen flieht.* Also kein so gutes Ende? Doch: Der Flüchtling entkommt dem Löwen. Ein Aufatmen wandert durch die Kinoreihen. Keine Sorge, wäre doch gelacht. Wir Sicheren sind uns sicher: Komme was da wolle, Gott ist auf unserer Seite. *Und ein Bär begegnet ihm.* Was aber jetzt? Wie viel Kraft hat der Ausgepumpte noch nach der Flucht vor dem Löwen? Da öffnet sich eine Tür. In letzter Sekunde findet der Flüchtende die Rettung. Getrost greife ich in die Popcorntüte. Die Musik zum Happy End erklingt, ich lehne mich zurück in den herrlich weichen Kinosessel. Ich habe es gewusst: Mir kann nichts passieren. Der Flüchtling findet langsam wieder Atem. Und die ewigen Gewinner gratulieren sich: Gott wird immer Schokolade für uns übrig haben. Dem Sieger auf der Leinwand proste ich zu. *Und er kommt in ein Haus und lehnt sich mit der Hand an die Wand, so sticht ihn eine Schlange!* (Am 5,19) Ich verschlucke mich und muss die Augen schließen. Aus dem Off höre ich die Stimme des Propheten – gerichtet an die, die das Licht für sich allein und alle Tage gepachtet haben. *Weh denen, die des HERRN Tag herbeiwünschen! Was soll er euch? Denn des HERRN Tag ist Finsternis und nicht Licht.* (Am 5,18)

Liebt Gott Krieg?
Eine Antwort auf der Grenze zwischen Altem und Neuem Testament

Ich kann mich nicht daran gewöhnen. Mein Atem stockt, wenn ich in der Bibel lese, wie Menschen sich bekriegen. Das klingt oft so schrecklich selbstverständlich. Das Alte Testament erzählt wie nebenbei: Elia erschlägt 850 Propheten am Bach Kischon. (1Kön 18,19.40) Der Grund: Sie hängen einem falschen Gott an. Ist das ein Grund? Auch zuvor, als Israel das gelobte Land Kanaan eroberte, gab es nicht gerade wenig Tote, weiß die Bibel zu berichten. (Josua 6 + 8 + 11 u. a.) Und Gott sagt dazu nicht deutlich: „Nein!" Ist das zu loben?

Es verstört, wenn man sich nach Liebe sehnt und auf Gewalt stößt. Ob im Neuen Testament alles besser ist? Ich flüchte mich zu Jesus, der tröstet und beruhigt: *Selig sind die Friedfertigen, denn sie werden Gottes Kinder heißen.* (Mt 5,9) Pech dann nur, dass ebendieser Jesus von sich sagt: *Ich bin nicht gekommen, Frieden zu bringen, sondern das Schwert.* (Mt 10,34)

Wenigstens hing Jesus seinem kriegerischen Wort nicht an. Er starb, ohne Kämpfe anzuzetteln. Und das Volk Israel, dem Jesus angehörte? Das zog wie Jesus meist den Kürzeren. Bei historischem Licht besehen war es sowieso ein kleines Volk. Die großen Mächte konnten Israel mit links verschleppen, nur ein Spielball war es im Konzert der Völker. Es musste mehr erleiden, als dass es hätte triumphieren können. Das alles macht den Ton der kriegerischen Geschichten, in dem das Töten wie abgesegnet klingt, nicht milder. Und doch sollte man die Kriegsgeschichten nicht rasch überblättern oder aus der Bibel schneiden, wie das manche fordern. Denn in ihnen rumort eine verborgene, dafür aber umso stärkere Hoffnung. Es gibt etwa nicht enden wollende Passagen, in denen sich die Schreiber fragen: Warum lässt Gott so viel Gewalt erleiden? Kriegsgeschichten bewahren einen Schrecken, der die Sehnsucht nährt: Es müsste einmal ein König kommen, den es noch nie gegeben hat! Der soll sein, was Israel sich von Herzen wünscht: *Er wird der Friede sein.* (Micha 5,4)

Aber wie soll ein Gott Frieden schicken, der selbst ein großes Heer besitzt? Gott Zebaoth wird er genannt, der Herr des Himmelsheeres. Nur scheint er nicht viel Wert auf militärische Disziplin zu legen. *Es soll nicht durch Heer oder Kraft, sondern durch meinen Geist geschehen, spricht der HERR. Zebaoth.* (Sacharja 4,6) In diesem Geist unterwandern seine Krieger die tödliche Alternative des Krieges: Sie kämpfen weder für die einen noch die anderen. Einer aus dem Himmelsheer stand einmal mit dem Schwert vor Josua, dem Heerführer Israels, als es das gelobte Land erobern wollte. Im üblichen Kriegstrott stellte Josua die typische Frage: *Gehörst du zu uns oder zu unsern Feinden? Er sprach: Nein, sondern ich bin der Fürst über das Heer des HERRN.* (Josua 5,13.14) Josua fiel auf die Erde nieder – und betete. Gebet also statt Krieg. Im Angesicht des Krieges kann die Bibel aber nicht nur zum Beten raten, sondern auch zum Hochzeitfeiern. Zumindest lautet so die Bestimmung eines Kriegsgesetzes, das sich dem Leben verpflichtet weiß. Darin werden Gründe aufgelistet, die von der Kriegspflicht befreien. Wer etwa ein neues Haus gebaut hat, soll das Heer verlassen. Am Ende stirbt er – und das wäre traurig. Wer einen Weinberg gepflanzt hat, soll ebenfalls den Krieg verlassen. Am Ende stirbt er – und das wäre traurig. Wer mit einem Mädchen verlobt ist, soll das Heer verlassen und heiraten. Sonst nimmt sie ein anderer – und das wäre schrecklich. Besonders eigentümlich jedoch klingt das: *Wer sich fürchtet und ein verzagt Herz hat, der mache sich auf und kehre heim, auf dass er nicht auch das Herz seiner Brüder feige mache, wie sein Herz ist.* (5Mose 20,8) Alle, die sich fürchten, sollen sich nicht schlagen? Wenn das mal nicht alle sind. Und wer wirklich ohne Angst ist, soll sich ruhig bekriegen – aber ohne mich und alle die, die Ängste haben.

Ist Maria fremdgegangen?
Eine spektakuläre Zeugung (Matthäus 1)

Maria ist die Mutter Jesu. Doch wie sie das wurde, ist ziemlich dubios. *Als Maria dem Josef vertraut war, fand es sich, ehe er sie heimholte, dass sie schwanger war von dem heiligen Geist.* (Mt 1,18) „Wunderbar!", rief ihr Verlobter Josef – was selbstverständlich ironisch war. Ein Blitz der Eifersucht traf ihn. Noch ehe die Ehe angefangen hatte, war sie bereits kaputt. Dabei hatte Josef die korrekte Näherung von Mann und Frau eingehalten, und zwar Schritt für Schritt: zuerst das Vertrautsein, was Verlobung heißt und: sich nicht berühren! Danach das Heimholen: Sie hatten also Hochzeit feiern wollen. Und dann endlich wäre die Nähe eingetreten, die Maria schon mal locker vorgezogen hatte – jedoch nicht mit ihm. *Josef aber war fromm und wollte sie nicht in Schande bringen, gedachte aber, sie heimlich zu verlassen.* (Mt 1,19) Josef zeigte Mut: Er hätte ja auch schreien, Maria schütteln und mit ihrer Schandtat hausieren gehen können.

Wie war das noch vor einigen Monaten gewesen? Da hatte Josef seine Liebe vor Marias Fenster auf dem Bürgersteig gesprayt – nun hätte er die gesprayten Herzen mit Großbuchstaben übertünchen können: VERRÄTERIN! Josef tat es nicht, sondern wollte sie nur still verlassen. *Als er das noch bedachte, siehe, da erschien ihm der Engel des Herrn im Traum und sprach: Josef, du Sohn Davids, fürchte dich nicht, Maria, deine Frau, zu dir zu nehmen; denn was sie empfangen hat, das ist von dem heiligen Geist.* (Mt 1,20) Und wenn der Kaiser von China der Vater wäre! So schnell ließ sich Josef nicht beschwatzen. Seine Gedanken fuhren Karussell: der heilige Geist also – meine Güte. Ein Liebhaber, dem er als gewöhnlicher Zimmermann nie das Wasser reichen könnte. Fromm wie Josef war, wusste er aus den Prophetenbüchern, was der Geist so alles fertigbrachte: Er goss sich aus mit großer Frische. Wen er überraschte, der hatte Träume, konnte weise Dinge sagen, Wunderzeichen, Rauch, Blut und Feuer sehen (Jes 43,1.2; Joel 3,1-3) – kurzum: Das war Ekstase pur – und alles ohne Drogen. Klar, dass Maria ihr amouröses Abenteuer nicht erzählen wollte. Ach Gott, knirschte Josef und wälzte sich beim Träumen hin und her: du elendiger Gott! Doch als er seine größte Wut in die Kissen geschwitzt hatte und vom Schlaf erwacht war, da *tat er, wie ihm der Engel des Herrn befohlen hatte, und nahm seine Frau zu sich.* (Mt 1,24) Ganz konnte der baldige Stiefvater seinen Ärger aber nicht hinunterschlucken: *Er berührte sie nicht, bis sie einen Sohn gebar.* (Mt 1,25) Später näherten sich Josef und Maria wieder an und hatten noch viele Kinder, und zwar ganz normale. Märchenhaft klingt das – und scheint nach dem komplizierten Start der Ehe noch wunderbarer als die spektakuläre Zeugung Jesu.

FRAGE 060

Wie verhält sich Jesus zum Familienstreit? Hinter den Kulissen der heiligen Familie (Lukas 2 + 12)

Heiligabend! Der Tag, an dem das göttliche Kind das Licht der Welt erblickt. Ein Leuchten überrascht die Hirten auf dem Feld, das sie heftig blendet. Ein Engel sagt: „Nicht erschrekken, große Freude kommt!" Und dann ist da nicht nur einer, sondern ein ganzes Engelsheer. Sie rufen: *Friede auf Erden bei den Menschen seines Wohlgefallens.* (Lk 2,14) Die Hirten rennen. Außer Atem entdecken sie Gottes Sprössling in der Futterkrippe eines Stalls. Ein Kind, das Frieden bringen soll.

Der Frieden freilich hat es schwer. Gerade an Weihnachten stolpert er kläglich über die Familienbühne: Wer streitet sich mit wem? Besuchen wir die Oma und die Kinder, die Neffen und auch noch die Tanten? Wage ich den Boykott oder gebe ich mich harmonieergeben? Zwischen den Fehde-Handschuhen, die ins Weihnachtsspiel geworfen werden, schlummert das süße Kind im Stroh der Krippe. Als Einziger scheint Jesus die Nacht still genießen zu können. Er weiß nichts von Streitereien. Oder etwa doch? Jesus fragt, als er der Krippe entwachsen ist: *Meint ihr, dass ich gekommen bin, Frieden zu bringen auf Erden? Ich sage: Nein, sondern Zwietracht!* (Lk 12,51) O Heiland, reiß den Himmel auf, wird im Advent gesungen. Doch der Heiland und angebliche Friedensbringer Jesus reißt nicht nur den Himmel, sondern mindestens genauso gern den Vorhang auf – zum Streit: *Denn von nun an werden fünf in einem Hause uneins sein, drei gegen zwei und zwei gegen drei. Es wird der Vater gegen den Sohn sein und der Sohn gegen den Vater, die Mutter gegen die Tochter und die Tochter gegen die Mutter, die Schwiegermutter gegen die Schwiegertochter und die Schwiegertochter gegen die Schwiegermutter.* (Lk 12,52.53) Jesus ist nicht gekommen, um Menschen zu vereinzeln: Niemand muss für sich alleine streiten. Zwei oder drei Personen werden sich stets verstehen. Was Jesus jedoch nicht mag, ist Harmonie auf ganzer Linie. Wer ihn kennt, wird nicht wachsweich. Meinungen, die nicht mehrheitsfähig sind, dürfen ausgesprochen werden. Zwietracht ist nicht teuflisch, sondern realistisch – was befreien kann. Die böse Schwiegermutter ist vielleicht gar nicht so böse. Nicht jedes Familienmitglied muss ich herzen und dazu noch küssen. Bitte keinen Frieden um des lieben Friedens willen, eher schon ein Streiten um der Liebe willen. Dafür braucht sich um Jesu willen niemand schämen.

Hat Jesus auch getauft? Von Feuer- und Wassertaufe (Matthäus 3, Lukas 12)

Selbst an Fastnacht wäre Johannes aufgefallen: Er *hatte ein Gewand aus Kamelhaaren an und einen ledernen Gürtel um seine Lenden; seine Speise aber waren Heuschrecken und wilder Honig.* (Mt 3,4) Am Jordan lebte er, in dessen Wasser er viele Menschen taufte. Sie pilgerten zu ihm in die Wüste, und er sagte: „Tut Buße! Denn das Himmelreich ist nahe herbeigekommen." Das klang gut, doch Johannes hob den Finger: *Ich taufe euch mit Wasser zur Buße; der aber nach mir kommt, ist stärker als ich, und ich bin nicht wert, ihm die Schuhe zu tragen; der wird euch mit dem heiligen Geist und mit Feuer taufen.* (Mt 3,11) Das klang nicht mehr ganz so gut, eher schon gefährlich.

Als Jesus den Täufer besuchte, war der sich sicher: „Ich habe Feierabend. Jetzt wird Jesus mit dem Taufen beginnen." Jesus freilich war nicht gekommen, um zu taufen, sondern wollte sich von Johannes mit Jordanwasser überschütten lassen. *Aber Johannes wehrte ihm und sprach: Ich bedarf dessen, dass ich von dir getauft werde, und du kommst zu mir? Jesus aber antwortete und sprach zu ihm: Lass es jetzt geschehen.* (Mt 3,14.15) Damit entpuppt sich Jesus als Meister im Enttäuschen von Erwartungen. Als Star wird er von Johannes angekündigt, als einer, der auf der Bühne glänzt und ein Feuer der Begeisterung entzünden wird. Und Jesus? Kommt, setzt sich ins Publikum und will gemütlich unterhalten werden.

Aber man soll den Tag nicht vor dem Abend kritisieren. Schließlich könnte Jesus die Feuertaufe ja noch folgen lassen. Und tatsächlich, nicht lange, da flammt es in seinem Leben immer wieder auf: Wenn er ausrastet, brennt es lichterloh. Händler schmeißt er aus dem Tempelvorhof in Jerusalem. Einen Jünger schreit er an: „Satan!" Und auch sein Reden lässt ein Glühen ahnen, das die Leute anzieht, die sich wärmen wollen. Und endlich läutet Jesus die Feuertaufe ein: *Ich bin gekommen, ein Feuer anzuzünden auf Erden; was wollte ich lieber, als dass es schon brennte!* Und dann? Kleinlaut schiebt er hinterher: *Aber ich muss mich zuvor taufen lassen mit einer Taufe, und wie ist mir so bange, bis sie vollbracht ist!* (Lk 12,49.50) Erneut enttäuscht Jesus. Ein Feuerwerk will er präsentieren – und gesteht: Ich habe Angst vor Feuer. Er wird es selbst erleiden, es ist sein Tod. Den Feuertäufer Jesus hat es nie gegeben, wie er auch niemanden mit Wasser taufte. Das hinderte ihn nicht, die Taufe zweimal zu empfangen, mit Jordanwasser und am Kreuz. Die Sache mit dem Wasser war ihm lieber.

Warum argumentiert der Teufel ausgerechnet mit der Bibel?
Jesus und Satan: ein Duell (Lukas 4)

Getauft war Jesus, einen Namen hatte er sich noch lange nicht gemacht. Da wurde er zum Duell gefordert. Sein Gegner: der Teufel höchstpersönlich. Der wollte Jesus in Versuchung bringen und übernahm die Wahl der Waffen: Er entschied sich für den religiösen Streit. Sofort lag Jesus im Hintertreffen: Er war hungrig, da er bereits 40 Tage in der Wüste war und nichts gegessen hatte. Ein großes Handicap, denn es heißt ja immer: „Gehe in eine Prüfung mit genügend Mineralien und Vitaminen." Zielsicher steuerte Satan die Schwäche Jesu an: *Bist du Gottes Sohn, so sprich zu diesem Stein, dass er Brot werde.* (Lk 4,3) Jesus biss die Zähne zusammen und dachte: Ein Sohn Gottes wird an Größe gewinnen, wenn er auch den Hunger kennt. Als Bibelkenner returnierte er Satans Aufschlag gekonnt: *Es steht geschrieben (5Mose 8,3) „Der Mensch lebt nicht allein vom Brot."* (Lk 4,4)

Der erste Schlagabtausch war überstanden. Die Glocke läutete zur Runde zwei: Jesus wurde auf einen hohen Berg geführt.

Von oben zeigte ihm Satan Kostbarkeiten und alle Reiche dieser Erde, eine Macht voll Herrlichkeit: *Wenn du mich nun anbetest, so soll sie ganz dein sein.* (Lk 4,7) Noch hungriger geworden – dazu diese dünne Höhenluft! – blätterte Jesus im Geist in der Bibel. Endlich hatte er die passende Stelle gefunden, mit der er sich gegen Prunk und Gloria entschied: *Es steht geschrieben (5Mose 6,13): „Du sollst den Herrn, deinen Gott, anbeten und ihm allein dienen.“* (Lk 4,8) Da lachte der Teufel und sagte sich: „Was du kannst, kann ich allemal.“ Und er setzte zu einem raffinierten Endspurt an – es bimmelte zur Runde drei: Er stellte Jesus auf den Tempel in Jerusalem. Dann bewies er, dass nicht nur Jesus aus der Schrift zitieren kann: *Bist du Gottes Sohn, so wirf dich hier hinunter; denn es steht geschrieben (Psalm 91,11.12): „Er wird seinen Engeln deinetwegen befehlen, dass sie dich bewahren. Und sie werden dich auf Händen tragen, damit du deinen Fuß nicht an einen Stein stößt.“* (Lk 4,9-11) Jesus hätte den Teufel nur umarmen müssen und sagen: „Willkommen in der Schar derer, die sagen: Es steht geschrieben.“ Jesus aber widerstand: *Er antwortete und sprach zu ihm: Es ist gesagt (5Mose 6,16): „Du sollst den Herrn, deinen Gott, nicht versuchen.“* (Lk 4,12) In diesem Augenblick hatte der Teufel das Duell verloren. Warum? Weil sich Jesus einer schnellen Lösung widersetzte. Stets gab er dem Satan Kontra. Und selbst als dieser mit den Worten der Bibel sprach, hielt Jesus dagegen, indem er mit anderen Worte aus der Bibel sprach. Das könnte heißen: Wer auf die Bibel pocht, ist noch lange nicht im Recht. Teuflisch wird es, wenn einer zur Bibel automatisch Ja und Amen sagt. Der Klang der Wahrheit entfaltet sich im Streit der Stimmen.

Was will ein Zöllner von Jesus, der gar nichts zu verzollen hat? Die Berufung des Levi (Markus 2)

„Betrüger!“, wurde Zöllner Levi gerufen. Er betrieb eine Zollstation in Palästina, indem er Pacht an die Römer zahlte. Er stand also im Dienst der feindlichen Besatzungsmacht und war unter seinen jüdischen Landsleuten nicht sonderlich beliebt. Wie viel Gebühren die passierenden Händler zu zahlen hatten, bestimmten die Zöllner selbst: genug Spielraum, um die offiziellen Tariftabellen zu unterwandern. Auch Jesus kam des Öfteren am Zoll vorbei. *Und als er vorüberging, sah er Levi, den Sohn des Alphäus, am Zoll sitzen und sprach zu ihm: Folge mir nach! Und er stand auf und folgte ihm nach.* (Mk 2,14) Das klingt ganz selbstverständlich, ist letztlich aber unverständlich: Denn was will der Zöllner Levi ausgerechnet von Jesus? Jesus pflegte ohne Waren und mit wenig Gepäck zu reisen. Dieser Wanderer war in der Lage, aus ein paar Broten viele zu zaubern, tausende Menschen wurden satt. Wasser verwandelte er in Wein. Dank dieser Fähigkeiten brauchte er nicht viel mit sich herumzuschleppen. Jesus – ein Totalausfall für den Zolleinnehmer Levi. Umso unerklärlicher, wie Levi sich benahm. *Und es begab sich, dass er zu Tisch saß in seinem Hause, da setzten sich viele Zöllner und Sünder zu Tisch mit Jesus und seinen Jüngern.* (Mk 2,15) Das war ein großes Essen. Und Levi übernahm die Kosten, obwohl er an Jesus nichts verdiente. Vielleicht handelte es sich um ein Arbeitsessen? Unterstützt von seinen Berufskollegen wollte Levi womöglich mit Jesus in Geschäftsbeziehung treten. „Du bekommst einen günstigen Zolltarif“, flüsterten sie ihm zu. Nur müsse Jesus, um die 30 Jahre alt, jetzt auch endlich einmal für sich selber sorgen. „Du könntest doch Handel mit Brot und Wein betreiben!“ Gegen seine Wunder habe niemand etwas einzuwenden. „Nur wenn alle in den Tag hineinwandern, wie du das machst, dann fällt das ganze Wirtschafts- und Sozialgefüge in sich zusammen. Und Jesus, du bist doch so sozial!“ Jesus aber ließ sich nicht zum Händler missionieren, stattdessen war es umgekehrt: Der geschäftsuntüchtige Wanderer lockte den Händler. Was begeisterte Levi, dass er aufstand und Jesus folgte? Vielleicht, dass Jesus sich für Arbeitsessen nicht interessierte. Sein Mahl mit Levi war ohne jeden Nutzen – und deshalb nichts als Freundlichkeit, eine Zuwendung ohne jedes Rechnen.

„Jesus isst mit Finsterlingen!“, ärgerten sich viele. *Als das Jesus hörte, sprach er zu ihnen: Die Starken bedürfen keines Arztes, sondern die Kranken.* (Mk 2,17) Was den Zöllner an Jesus faszinierte, war Medizin. Gewohnt war Levi, Leute zu betrügen. Er traf auf Jesus, der die Gesellschaft mit Betrügern suchte. Kranke befreite er vom Rechnen.

FRAGE 064

Was ist fromm?
Die ersten Worte der Bergpredigt (Matthäus 6)

Viele wollten Jesus hören. Er setzte sich auf einen Berg und predigte: *Habt Acht auf eure Frömmigkeit, dass ihr die nicht übt vor den Leuten, um von ihnen gesehen zu werden; ihr habt sonst keinen Lohn bei eurem Vater im Himmel.* (Mt 6,1) Kurios: Jesus wirbt für eine Frömmigkeit, die verborgen bleiben soll – und tut das auf einem Berg vor vielen Menschen. Doch irdischen Lohn und Begeisterungsstürme wird er kaum eingeheimst haben. Dafür ist sein Tonfall zu aggressiv: *Wenn du nun Almosen gibst, sollst du es nicht vor dir ausposaunen lassen, wie es die Heuchler tun in den Synagogen und auf den Gassen, damit sie von den Leuten gepriesen werden. Wahrlich, ich sage euch: Sie haben ihren Lohn schon gehabt.* (Mt 6,2) Denn ihnen werden Orden angesteckt, es gibt Pokale und ein großes Foto in der Zeitung. Sie begeben sich auf eine Ehrenrunde, warmer Beifall brandet auf. Die Gutes unbekannterweise tun, dürfen indes auf eine andere Belohnung hoffen. *Wenn du aber Almosen gibst, so lass deine linke Hand nicht wissen, was die rechte tut, damit dein Almosen verborgen bleibe; und dein Vater, der in das Verborgene sieht, wird dir's vergelten.* (Mt 6,3.4) Gott, der hinter die Kulissen schaut, lässt einen Lohn erleben, der himmlisch ist. Das kann heißen: Es befreit, Gott nicht vor großem Publikum zu suchen. Wenn ich Gutes tue, um gesehen zu werden, bin ich abgelenkt, muss planen, werben und mich inszenieren, damit sich die applaudierenden Reihen niemals lichten. Beim himmlischen Lohn lockt die Freiheit vom Urteil anderer. Wer Almosen nicht berechnet, ist bei sich selbst. Wer hinter verschlossenen Türen betet, muss nicht nach Anerkennung schielen und entlastet die Augen. Wer unter der Bettdecke nachts noch heimlich schmökert, hat genug. Er braucht damit auf keiner Party anzugeben.

Wie wird man seine Sorgen los?
Jesus sät nicht und erntet nicht (Matthäus 6)

Wer Jesus ernst nimmt, wird kaum ernst genommen. Nichts hat dieser Mann vorzuweisen. Ohne feste Unterkunft zieht er durchs Land. Auto, Fahrrad, Roller? Jesus geht zu Fuß. Das Bruttosozialprodukt kann auf ihn nicht zählen. Er schwärmt von Kindern, selber hat er keine. Unverheiratet ist er und kommt bei Freundinnen und Freunden unter. Kurz: Jesus kann für sein Leben nicht selber sorgen – lebt anscheinend aber ohne Sorgen. In der Bergpredigt gibt er Empfehlungen, um auch andere in dieses Geheimnis zu locken: *Ihr sollt euch nicht Schätze sammeln auf Erden, wo sie die Motten und der Rost fressen und wo die Diebe einbrechen und stehlen. Sammelt euch aber Schätze im Himmel, wo sie weder Motten noch Rost fressen und wo die Diebe nicht einbrechen und stehlen.* (Mt 6,19.20)

Wie gerate ich in die Kammer mit den Himmelstalern? Indem ich meine irdischen Schätze nicht bunkere. Wer wenig sammelt, braucht nur wenig zu bewachen. Das ist ein Leben ohne Alarmanlage, die Angst vor Einbrechern und langen Fingern wird nicht groß. Doch es geht um mehr als Geld allein. Ich versuche das irdische Glück ja insgesamt zu sichern – und gerade dadurch rinnt es durch die Finger. Wer dagegen nichts zu verlieren hat, fühlt sich frei und entdeckt eine Schönheit, die von selbst entsteht. *Seht die Vögel unter dem Himmel an: sie säen nicht, sie ernten nicht, sie sammeln nicht in die Scheunen; und euer himmlischer Vater ernährt sie doch. Seid ihr denn nicht viel mehr als sie? Und warum sorgt ihr euch um die Kleidung? Schaut die Lilien auf dem Feld an, wie sie wachsen: sie arbeiten nicht, auch spinnen sie nicht. Darum sorgt nicht für morgen, denn der morgige Tag wird für das Seine sorgen.* (Mt 6,26.28.34). Das ist also der Trick: Denke nicht an morgen! Und es stimmt ja auch: Es kommt meist anders und nur selten so, wie ich es sorgenvoll erwartet habe. Die Sehnsucht, die ständig in die Zukunft schielt, will ich neugierig machen auf die Gegenwart. So empfangen mich Momente, die spüren lassen: Ich bin frei, ganz leicht und fliege.

Aber es ist verhext und wie beim Hasen, der im Wettlauf den Igel besiegen will. Mit Wagemut renne ich den Ängsten davon und starte in die Gegenwart hinein – und doch gelingt es nur selten, wie ein Vogel zu fliegen. Denn die Sorge kommt stets wieder, sie wartet an der nächsten Ecke und lächelt triumphierend: „Bin schon da!" Was dann? Dazu fällt Jesus offenbar nichts ein. Er gleicht einem Model, das für das sorgenfreie Leben posiert. Und bei Models gilt: Ihre schöne Leichtigkeit werde ich nie erreichen. Mein Leben klebt zu sehr am Irdischen. Jesus betört mich zwar mit seinen Worten, aber er ist ein Phantast, unerreichbar und perfekt – wenn es den letzten Satz seiner Skizze über die Sorglosigkeit nicht gäbe. Denn in ihr nennt er noch einen weiteren Grund, den sorgenvollen Zukunftsblick getrost der Zukunft zu überlassen. *Es ist genug, dass jeder Tag seine eigene Plage hat.* (Mt 6,34) Das klingt wie ein Seufzer und ist befreiend realistisch: Jesus ist nicht hinter der Sorglosigkeit her, weil er selber niemals ohne Sorgen wäre. Im Gegenteil: Sein Leben ist nicht nur spielerisch und leicht, er hat genug Grund, sich viele Gedanken zu machen. Gerade deshalb widmet er sich dem Augenblick. Denn er weiß: Ein Tag hat schon genug Sorgen. Sein Werben für ein himmlisch-leichtes Leben ist kein Befehl zur Perfektion. Es kann als Trost verstanden werden, der lautet: Jeder Tag ist schwer. Mach ihn dir nicht schwerer.

Warum schwänzt Jesus ständig Beerdigungen?
Totenerweckungen und Beerdigungsboykott (Johannes 11, Matthäus 8, Lukas 7)

Als ich erstmals auf einer Beerdigung war, öffneten sich bei mir alle Schranken: so viele Tränen. Der Pfarrer tröstete mich nicht. Er hatte meinen Großvater auf eine Art tabellarischen Lebenslauf reduziert – als ob der Tod nicht gemein genug gewesen wäre. Beerdigungen sind mir nicht geheuer, bis heute ist es so geblieben. Aber gehört der Tod denn nicht zum Leben? Wir müssen ihn akzeptieren und ins Leben integrieren, sagen viele. Und sie verweisen auf Jesus, der seiner Todesqual offen ins Auge schaute. Ich behaupte: Jesus wich seinem Tod nicht aus, doch anfreunden wollte er sich mit ihm nie. Beerdigungen pflegte er zu schwänzen, beispielsweise die von Lazarus. Dringend war die an Jesus gerichtete Nachricht: *Herr, siehe, der, den du lieb hast, liegt krank.* (Joh 11,3) Jesus trödelte, bis sein Freund gestorben und die Beerdigung vorüber war. Als er kam, lag Lazarus bereits vier Tage im Grab. Den Weg des Toten ins Grab hatte Jesus verpasst, die umgekehrte Richtung war ihm lieber: *Lazarus, komm heraus!*, rief Jesus, als er vor der Höhle stand, aus der der Tote stank. *Und der Verstorbene kam heraus, gebunden mit Grabtüchern an Füßen und Händen, und sein Gesicht war verhüllt mit einem Schweißtuch.* (Joh 11,43.44)

Mit seinem Widerstand gegen Beerdigungen wollte Jesus auch andere infizieren: *Folge du mir, und lass die Toten ihre Toten begraben!* (Mt 8,22) Ein Jünger wollte mit Jesus ziehen, nur seinen Vater müsse er noch rasch begraben, sagte er. Jesus ließ das nicht gelten. Er rief auf zum Beerdigungsboykott. War das nicht zu hart? Trauernde haben doch ein Recht auf Abschiednehmen? Jesus redete so entschieden, weil er nicht nur gegen Beerdigungen, sondern auch gegen den Tod höchstpersönlich stritt.

Das zeigte sich auch in Nain, als er zufällig doch einmal in eine Beerdigung geriet. Eine Witwe musste ihren einzigen Sohn zu Grabe tragen. Es öffneten sich bei ihr alle Schranken: so viele Tränen. Als Jesus sie sah, *jammerte sie ihn, und er sprach zu ihr: Weine nicht!* (Lk 7,13) Jesus berührte den Sarg. Die Träger blieben stehen, der Tod war irritiert. Und Jesus sagte in die Stille: *Jüngling, ich sage dir, steh auf! Und der Tote richtete sich auf und fing an zu reden, und Jesus gab ihn seiner Mutter.* (Lk 7,14.15)

FRAGE 067

Hatte Jesus etwas gegen Schweinehirten?
Vom Wunder und dem Risiko (Matthäus 8)

Wenn die Normalität ins Wunderbare umkippt, kann das irritieren. Genau das geschah in der Gegend der Gadarener am Ufer des Sees Genezareth. Dort lebten zwei, die von bösen Geistern besessen waren. Sie sehnten sich sehr nach Ruhe, aufgewühlt wie ihre Seelen waren. Als Jesus sich ihnen näherte, liefen sie ihm aus ihrer Behausung entgegen. *Die kamen aus den Grabhöhlen und waren sehr gefährlich, so dass niemand diese*

Straße gehen konnte. (Mt 8,28) Sie waren mächtig wie die Polizei, weil sie die Straße sperren konnten – allein durch ihre Gegenwart. Jesus indes durchbrach die Straßenblockade. Die bösen Geister bekamen Angst, weil sie ahnten: Jesus ist mehr als ein Psychopharmakon, das uns für ein paar Stunden beruhigen soll, er will uns vertreiben. *Es war aber fern von ihnen eine große Herde Säue auf der Weide. Da baten ihn die bösen Geister und sprachen: Willst du uns austreiben, so lass uns in die Herde Säue fahren.* (Mt 8,30.31) Jesus nahm den Vorschlag an. *Und er sprach: Fahrt aus! Da fuhren sie aus und fuhren in die Säue. Und siehe, die ganze Herde stürmte den Abhang hinunter in den See, und sie ersoffen im Wasser.* (Mt 8,32)

Wie es den Geistbefreiten jetzt ging? Darüber verliert die Geschichte kein Wort. Wünschen wir, dass sie nach langer Seelenqual in einen tiefen Lebensschlaf fielen – und aufwachten zu einer neuen Ruhe. Die Erzählung wendet sich den Schweinehirten zu. *Und die Hirten flohen und gingen hin in die Stadt und berichteten das alles und wie es den Besessenen ergangen war.* (Mt 8,33) Was für die Geheilten ein Wunder war, galt den Hirten als Katastrophe. Ohne Schweine standen sie vor dem Ruin. Die Stadtbewohner jedoch konnten Spuren eines neuen Lebens sehen: Ohne Angst spazierten sie auf der Straße entlang, die die Besessenen über Jahre für sich gepachtet hatten. Dank Jesus war die Infrastruktur für alle Gadarener verbessert worden. Wenn er so weitermachte, würde die Gegend bald glücklich durch das Leben taumeln. Allerdings: Die Heilung war zugleich ein Schock, weil sie das Gewohnte brüchig werden ließ. Es galt, die Schweinehirten zu trösten und eine neue Arbeit für sie zu finden. Der Fleischausfall infolge der ersoffenen Tiere war beträchtlich. Noch einige Wunder mehr und das Wirtschaftsleben befände sich im Chaos.

Damit war klar: Das Wunderbare war nur mit Risiko zu haben – was den Gadarenern zu gefährlich war. Sie fragten: Ist das Leben ohne Jesus nicht auch ganz gut gelaufen? Und sie beschlossen, auf weitere Wunder zu verzichten. *Und siehe, da ging die ganze Stadt hinaus Jesus entgegen. Und als sie ihn sahen, baten sie ihn, dass er ihr Gebiet verlasse.* (Mt 8,34)

FRAGE 068

Braucht Jesus manchmal einen zweiten Versuch? Die Heilung eines Blinden (Markus 8)

Es war eine Heilung, doch Jesus hatte doppelte Arbeit. Als er in dem Dorf Betsaida war, brachte man ihm einen Blinden, damit er ihn berühre. *Und er nahm den Blinden bei der Hand und führte ihn hinaus vor das Dorf, tat Speichel auf seine Augen, legte seine Hände auf ihn und frage ihn: Siehst du etwas?* (Mk 8,23) Die Welt, die sich dem Blinden durch Jesu Zärtlichkeit öffnete, war wundersam. *Ich sehe die Menschen, als sähe ich Bäume umhergehen.* (Mk 8,24) Jesus legte seine Hände nochmals auf die Augen des Patienten. *Da sah er deutlich und wurde wieder zurechtgebracht, so dass er alles scharf sehen konnte.* (Mk 8,25) Warum schlug Jesus diesen Umweg ein? Möglicherweise wollte er Wunder nicht mechanisch tun: Nur im Gespräch finden Arzt und Patient heraus, was helfen kann. Vielleicht hatte Jesus manchmal auch Anlaufschwierigkeiten. Und nicht alles, was er tut, muss gutgeheißen werden. Es lohnt, auf einen zweiten Versuch zu hoffen. Oder wollte Jesus zeigen, dass es mehr als eine Perspektive gibt? Nicht nur messerscharfes Sehen hat seinen Reiz: Wenn Menschen Bäumen gleichen und die sogar gehen können, wandert der Alltag ins Phantastische.

Macht der Himmelsschatz bettelarm?
Das Gleichnis vom Schatz im Acker (Matthäus 13)

Schätze haben ihren Platz im Reich der Sehnsucht, der Sagen und Märchen. Jesus wagt den Sprung vom Märchen in den Alltag. Am Kiosk gegenüber, im Schwimmbad an der Ecke, auf dem Acker hinterm Haus – egal wo: Der Reichtum lässt sich heben. Jesus rät nicht zur Bescheidenheit, er will ins Märchen locken. *Das Himmelreich gleicht einem Schatz, verborgen im Acker, den ein Mensch fand und verbarg.* (Mt 13,44) Rätselhaft klingt dieses Gleichnis vom Himmel, der im Alltag steckt. Denn ob der Finder überhaupt nach etwas suchte, wird nicht verraten. Den Schatz, den er entdeckt, liefert er nicht ab. Auch der Finderlohn reizt ihn nicht, sonst würde er das Verborgene nicht gleich wieder verbergen. Die BILD-Zeitung, die sonst alles weiß, erfährt nichts. Hat die Entdeckung überhaupt irgendeine Folge? *Und in seiner Freude ging er hin und verkaufte alles, was er hatte, und kaufte den Acker.* (Mt 13,44) Statt den Schatz wegzuschaffen, um seinen Besitz zu mehren, verkauft der Finder sein ganzes Eigentum, um den Acker zu erwerben. Das ist verrückt: Nun sitzt er da auf seinem Feld. Soll er sich von dem Schatz im Acker einen Pflug und Saatgut kaufen? Aber er braucht ja auch noch einen Schuppen für den Pflug, ein Traktor wäre überdies nicht schlecht. Dazu muss er eine Scheune bauen. Wohin verkauft er seine Ernte – falls er überhaupt erntet? Sollte der Schatz ein Schatz sein, der aus Geld besteht, kann er alles das womöglich schaffen. Trotzdem: Der Schatzbesitzer muss von vorn anfangen. Er hat kein Bett, kein Haus und kaum Kleidung mehr. Alles ist verkauft. Der Himmelsschatz macht nicht bettelarm, doch bringt er eine Menge Ärger. Aus der Gewohnheit führt er in ein unbekanntes Land. Was daran himmlisch ist? Jesus nennt einen Grund, der trotz aller Schwierigkeiten lockt. Der Finder tat alles das – aus Freude.

Wie lange währt das Glück?
Die Verklärung (Markus 9)

Es war ein Rausch. Drei seiner Jünger hatte Jesus auf einen hohen Berg geführt. *Und er wurde vor ihnen verklärt; und seine Kleider wurden hell und sehr weiß, wie sie kein Bleicher auf Erden so weiß machen kann.* (Mk 9,2.3) Damit nicht genug: Mit einem Mal tummelten sich um Jesus zwei Stars aus der Vergangenheit. *Es erschienen ihnen Elia mit Mose, und sie redeten mit Jesus.* (Mk 9,4) Das war, als ob Helden aus der Kinderbibel entsteigen oder Fußballlegenden noch einmal die Stiefel schnüren. So soll es bleiben, sagte Petrus: *Hier ist für uns gut sein. Wir wollen drei Hütten bauen, dir eine, Mose und Elia eine.* (Mk 9,5) Auch ich will der Begeisterung eine Hütte bauen – wenn ich beispielsweise barfüßig sommerwarmen Sand ertaste, in sanftgrünes Seewasser schlüpfe oder höre, wie ein Schlussakkord im großen Raum verhallt. Ich wünsche mir: Die Aufstiegsfeier soll ewig dauern. All die Augenblicke, die ihr leuchtet – bleibt! *Und es kam eine Wolke, die überschattete sie. Und eine Stimme geschah aus der Wolke: Das ist mein lieber Sohn; den sollt ihr hören!* (Mk 9,7) Die Stimme Gottes ist die Unterschrift: „Es ist mein Sohn, genießt das göttliche Glück." Die Wolke war zugleich der Wendepunkt. *Und auf einmal, als sie um sich blickten, sahen sie niemand mehr bei sich als Jesus allein.* (Mk 9,8) Die Kleider leuchteten nicht mehr, Jesus war ein Mensch wie jeder andere. Katerstimmung. Die Jünger hatten ungetrübtes Glück erlebt. Es galt den Berg hinabzusteigen.

Kann man Gutes tun, auch ohne Jesus nachzufolgen? Der unbekannte Wundertäter (Markus 9)

Ein Student, der sich zuweilen der Eigenständigkeit rühmte, trug die Tasche des Professors. Dabei ging der zur Tasche gehörige Hochschullehrer nicht wacklig, sondern wirkte ganz robust. Es handelte sich also nicht um Hilfe einem bedürftigen Menschen gegenüber. Das Taschetragen war stattdessen ein Signal: „Ich bin Jünger von Professor Sowieso." Keine Frage, dieser Lehrer erfreute viele und war gewiss nicht dumm. Doch er musste eine Art Verein gegründet haben: In ihm war er das Oberhaupt, das die genaue Richtung wusste. Nicht nur einer, sondern weitere erwachsene Menschen liefen in seiner Spur. Und jeder hätte gern das Amt des Taschetragens übernommen, das konnte ich an ihren Mienen erkennen. Der Grund für dieses Nachlaufspiel? In einer Gruppe zu gehen, vereinfacht vieles. Man weiß, wer dazugehört und für die richtigen Ideen streitet. Das schützt, es bietet Geborgenheit. Wer nicht mitläuft, irritiert und soll gefälligst auf Abstand bleiben. Zumindest kann es nicht schaden, den Abseitigen mit Skepsis zu begegnen, mögen die Vereinslosen auch noch so freundlich sein.

Ähnliches geschah zu Zeiten Jesu: Einer seiner Jünger zog einen Menschen außerhalb des eigenen Clans in Zweifel. Gewiss hätte auch dieser Jünger dem Meister liebend gern die Aktentasche getragen, wenn Jesus Skripte, Sitzungsprotokolle oder Bücher auf seinen Wanderungen mit sich geführt hätte. Nur hatte er das als Geschichtenerzähler ja nicht nötig. Wie auch immer: Dieser Jünger berichtete seinem Lehrer Jesus: *Meister, wir sahen einen, der trieb böse Geister in deinem Namen aus, und wir verboten's ihm, weil er uns nicht nachfolgt.* (Mk 9,38) Jesu Ideen dürften sich ruhig vermehren, merkte der eifrige Berichterstatter an, dagegen habe er nichts einzuwenden: Nur solle bitte alles seine Ordnung haben. „Wer Gutes tut, muss Mitglied sein!" *Jesus aber sprach: Ihr sollt's ihm nicht verbieten. Denn niemand, der ein Wunder tut in meinem Namen, kann so bald übel von mir reden.* (Mk 9,39) Von der Pflicht zur eingetragenen Mitgliedschaft, von Nachlaufspielen, Uniformen, Fahnen- oder Taschetragen hielt Jesus anscheinend nicht sehr viel. Vereinsmeierei ließ er mit Gelassenheit links liegen: *Denn wer nicht gegen uns ist, der ist für uns.* (Mk 9,40)

FRAGE 072

Was schrieb Jesus in den Sand?
Jesus und die Ehebrecherin (Johannes 8)

Jesus schwieg, als einige Schriftgelehrte eine Frau vor ihn stellten und fragten: *Meister, diese Frau ist auf frischer Tat beim Ehebruch ergriffen worden. Mose aber hat uns im Gesetz geboten, solche Frauen zu steinigen. Was sagst du?* (Joh 8,4.5) Jesus, des Gesetzes kundig, sagte nichts. Alle standen da und diskutierten. Jesus aber bückte sich, kein Wort verließ den Mund. Er schrieb – mit einem Finger in den Sand. Die Gelehrten fragten heftiger. Da stand Jesus auf – jetzt redete auch er, sagte aber nur einen Satz: *Wer unter euch ohne Sünde ist, der werfe den ersten Stein auf sie.* (Joh 8,7) Dann bückte er sich wieder und schrieb weiter auf die Erde. *Als sie aber das hörten, gingen sie weg, einer nach dem andern, die Ältesten zuerst.* (Joh 8,9) Warum schrieb Jesus in den Sand? Was trug er dort ein? Beides verrät die Bibel nicht. Nicht lange – und Wind, Regen oder Füße werden es der Vergänglichkeit übergeben haben. Ich glaube: Es waren Zeichen, Worte, vielleicht auch Bilder für den Augenblick, keinesfalls Parolen. Nicht Sätze für die Ewigkeit, unverrückbar geordnet, um das Leben streng in Form zu bringen, da war auch nicht dieser Unterton: „Ich weiß Bescheid und habe immer Recht." Eher handelte es sich um

Skizzen, geboren aus der Lust, gültig nicht für alle Zeit, keine Sätze in Stein gemeißelt. Eher Worte voller Zärtlichkeit, wie ein Gedicht, das die Stille kennt, liebevoll im Augenblick erklingt und von einer ruhevollen Stetigkeit erzählt ganz ohne Langeweile. Es handelte sich um einen in den Sand gesetzten Gesprächsbeitrag, der dem Diskutieren alles Plärrende stahl. Nach einiger Zeit richtete sich Jesus auf und fragte die Zurückgebliebene: *Wo sind sie, Frau? Hat dich niemand verdammt? Sie antwortete: Niemand, Herr. Und Jesus sprach: So verdamme ich dich auch nicht; geh hin und sündige hinfort nicht mehr.* (Joh 8,10.11)

Warum rettet Jesus Johannes den Täufer nicht?
Jesu Unvermögen (Matthäus 11, Markus 15)

Zweifel an der Botschaft, für die er lebte, schien er nicht zu kennen. Den Leuten, die zu ihm in die Wüste strömten, taufte er und las ihnen die Leviten: „Kehrt um!", rief Johannes der Täufer, womit er meinte: „Rennt nicht zu mir, sondern zu dem, der kommen wird." Unter dessen Herrschaft beginne bald das Himmelreich. „Das ist er!", freute sich Johannes, als Jesus um die Ecke bog. Nur erklang kein Donnergrollen. Der Himmel blieb, wo er schon immer war. Jesus wollte sich von Johannes taufen lassen – weiter nichts. Alles blieb beim Alten.

Also las Johannes den Menschen weiter die Leviten. Auch den Landesfürsten Herodes ließ er nicht aus, der ihn dafür ins Gefängnis steckte. Für Johannes doppelt schlimm: Ausgerechnet jetzt schien Jesus richtig loszulegen. Der Himmel bewegte sich in Richtung Erde. *Als aber Johannes im Gefängnis von den Werken Christi hörte, sandte er seine Jünger und ließ ihn fragen: Bist du es, der da kommen soll, oder sollen wir auf einen andern warten?* (Mt 11,2.3) Johannes, der doch keinen Zweifel zu kennen schien, war sich nicht sicher. Verständlich: Denn wenn das Leben brilliert, man selbst aber im Gefängnis schmort, kann man ins Grübeln kommen. Das ist nicht anders, als wenn einer vom Krankenbett aus das Leben Purzelbäume schlagen sieht: Wie soll der jubeln? Uneigennützig hatte Johannes auf Jesus verwiesen, damit das kommende Himmelreich an Geschwindigkeit gewinnt. Jesus aber besuchte seinen Unterstützer noch nicht einmal. Die Antwort an den Häftling gab er dessen Jüngern mit: *Geht hin und sagt Johannes wieder, was ihr hört und seht: Blinde sehen und Lahme gehen, Aussätzige werden rein und Taube hören, Tote stehen auf, und Armen wird das Evangelium gepredigt; selig ist, wer sich nicht an mir ärgert.* (Mt 11,4-6) Das klingt himmlisch und ist zugleich unverfroren. Denn warum sollte sich Johannes nicht ärgern dürfen? Womöglich antwortete Jesus so bombastisch, um von seinem Unvermögen abzulenken. Trotz seines Charismas – den Gefangenen befreien konnte Jesus anscheinend nicht. Einsam saß Johannes dort, er war verzweifelt. Vielleicht hätte ihn getröstet, wenn Jesus zugegeben hätte: „Auch ich bin mir nicht immer sicher." Johannes war längst hingerichtet, als Jesus merkte: Selbst an seinem eigenen Leiden konnte er nichts ändern. Da war es Jesus, der einsam war und verzweifelt rief: *Mein Gott, mein Gott, warum hast du mich verlassen?* (Mk 15,34)

FRAGE 074

Warum hat Jesus das Brot vermehrt?
Ein Wunder inmitten von Vergeblichkeit (Matthäus 14)

Es ist, als ob Gewichte an einem hängen. Gute Ratschläge machen alles schlimmer. „Du musst unter Leute gehen!" Wenn die schwarze Trauer kommt, ist alles sinnlos. Nur noch Ruhe –

nichts mehr hören, nichts mehr sehen. Als Johannes der Täufer getötet wurde, legte sich auf Jesus Dunkelheit. Große Taten hatte Jesus vollbracht. Aber den Tod des Johannes, der ihn einst im Jordan taufte, hatte er nicht verhindern können. Am Geburtstag des Landesfürsten Herodes wurde Johannes geköpft. *Als das Jesus hörte, fuhr er von dort weg in einem Boot in eine einsame Gegend allein.* (Mt 14,13) Jesus wusste nicht weiter. Er ahnte, was nun kam: dieses ewige Grübeln. Denn was hatte seine Wunderkraft für einen Sinn, wenn der Tod auf grauenvolle Weise weiterschritt? Einsamkeit umhüllte ihn. *Als das Volk das hörte, folgte es ihm zu Fuß aus den Städten.* (Mt 14,13) Jesus ging nicht unter Menschen. Sie kamen zu ihm, und es waren Tausende: Männer, Frauen, Kinder. Jesus, um den es jammervoll stand, kümmerte sich um den Jammer anderer. Trost für beide Seiten. *Und er heilte ihre Kranken. Am Abend aber traten seine Jünger zu ihm und sprachen: Die Gegend ist öde, und die Nacht bricht herein; lass das Volk gehen, damit sie in die Dörfer gehen und sich zu essen kaufen.* (Mt 14,14.15) Jesus aber wollte nicht Abschied nehmen. Ohne die Menschen, die ihn aus der Einsamkeit gezwungen hatten, würde er in die Nacht versinken. Da trieb ihn die verrückte Sehnsucht, sich mit Tausenden an einen Tisch zu setzen – gegen die Vernunft der Jünger, die sagten: *Wir haben hier nichts als fünf Brote und zwei Fische. Und er sprach: Bringt sie mir her! Und er ließ das Volk sich auf das Gras lagern und nahm die fünf Brote und die zwei Fische, sah auf zum Himmel, dankte und brach's und gab die Brote den Jüngern, und die Jünger gaben sie dem Volk.* (Mt 14,17-19)

Wie kann man bei Jesus Karriere machen? Streit um die besten Himmelsplätze (Matthäus 18)

Es hatte sich gelohnt. Das Himmelreich, von dem Jesus sprach, war ein Erfolg. Viele wollten Jesus hören. Sein Name wurde durchs Land getragen. Für die Jünger besonders schön: Sie wanderten mit Jesus und waren ganz schön wichtig. Das darf kein Ruhekissen sein, dachten sie und wollten mehr. Sie fragten Jesus: *Wer ist doch der Größte im Himmelreich?* (Mt 18,1) Den Notizblock in der einen, den Kugelschreiber in der anderen Hand, blickten sie erwartungsvoll auf Jesu Lippen. Gleich würden sie Tipps notieren, wie man Karriere macht. Entscheidend aber: Am Ende seines Referats würde Jesus mit Sicherheit auf Weiterbildungskurse verweisen. Die gab es bei renommierten Seminaranbietern, was nicht ganz billig war. Doch nur wer investiert, steht am Ende oben.

Jesus indes hielt keine langen Reden. Der Kleinste ist der Größte, lautete seine Antwort. *Jesus rief ein Kind zu sich und stellte es mitten unter sie und sprach: Wahrlich, ich sage euch: Wenn ihr nicht umkehrt und werdet wie die Kinder, so werdet ihr nicht ins Himmelreich kommen.* (Mt 18,2.3) Hörbar atmeten die Jünger auf. Geld spielte fürs Karrieremachen also keine Rolle. Als arme Wanderer hätten sie, ehrlich gesagt, auch nicht gewusst, woher es nehmen. Dem Aufatmen folgte das Rätseln: umkehren und werden wie ein Kind? Sollten sie etwa schrumpfen, unselbständig werden, Windeln tragen, schreien und wieder nichts als Brei verlangen? Das konnte es nicht sein. Das Kind, das Jesus in ihre Mitte gestellt hatte, trug keine Windeln mehr. Was war dann gemeint? Die Jünger überlegten noch immer, sahen sich an – und mussten auf einmal lachen. Im selben Moment hatten sie an Jesu kindliche Ideen denken müssen. Mit ein paar Broten wollte er Tausenden eine Vesper zubereiten, dazu Kranke und Tote mit Berührungen zurück ins

Leben locken. Oft rieten die Jünger ihm dann – ganz erwachsen und vernünftig – ab: „So einfach geht das nicht!“ Das hielt Jesus aber nicht ab, die Sehnsucht über das Gewohnte hinauszujagen. Seine Ideen, dazu sein kindliches Fabulieren, hinterließen im Alltag Himmelsspuren – das mussten sich die Jünger eingestehen. Und immer, wenn es geschah, freuten sie sich wie Kinder. Um bei Jesus Karriere zu machen, waren teure Seminare also überflüssig. Nur: Was sollte jetzt aus ihren Notizblöcken werden? Die Jünger rissen die unbeschriebenen Blätter aus und bauten Flieger.

Ist Jesus der neue Mann?
Einkehr bei Maria und Marta (Lukas 10)

Sie tat für Jesus alles. Und er sagte noch nicht mal danke. Der ewige Wanderer Jesus war von Marta gastlich aufgenommen worden. Sollten die Leute ruhig sagen: „Schon wieder kehrt er bei Frauen ein!“ Ihm war es egal. Und dass ihm das egal war, war für Jesus typisch. Auch Marta ließ das Gerede kalt. Sie freute sich über den Besuch, rumorte, werkelte und kochte. Jesus sollte es gemütlich haben. *Und sie hatte eine Schwester, die hieß Maria; die setzte sich dem Herrn zu Füßen und hörte seiner Rede zu.* (Lk 10,39) Marta sah das innige Paar und ärgerte sich: *Herr, fragst du nicht danach, dass mich meine Schwester lässt allein dienen? Sage ihr doch, dass sie mir helfen soll!* (Lk 10,40) Jesus sagte das Gegenteil. Maria zu seinen Füßen verhalte sich richtig. Das Problem liege bei der Tatkräftigen: *Marta, Marta, du hast viel Sorge und Mühe. Eins aber ist not. Maria hat das gute Teil erwählt; das soll nicht von ihr genommen werden.* (Lk 10,41.42)

Wieso meckerte Jesus über Marta? Gern kehrte Jesus bei ihr ein und ließ sich bedienen. Dann aber tadelte er sie, obwohl sie ihn bediente. Das ist frech und zeigt: Jesus ist kein neuer Mann. Er brach zwar gern das Brot und konnte es mit Wunderkraft auch gut vermehren. Den Teig in der Küche aber hat er niemals selbst geknetet. Konnte er Martas Arbeit deshalb nicht würdigen? Womöglich tat Marta ihm auch leid: Es gibt Besuche, bei denen die Gastgeber von den Gästen überhaupt nichts mitbekommen, weil es nur ums Geben geht. Andererseits schmeichelte Jesus das Verhalten Marias zu seinen Füßen. Sie empfing – und zwar mit großen Ohren. Sie schien für ihn das Glück zu sein. Er besaß einzig das Erzählen. Jesus war ein Bettler, der auf das Publikum angewiesen war. So fürchtete er, seine Geschichten im Rumoren des Alltags zu verlieren. Kurios ist nun aber: Jesu Geschichten spielen zwar im Alltag und sind mit Phantasie durchwoben, doch für Martas Küchenalltag fehlte Jesus die Phantasie. Wie wäre es mit dieser Geschichte gewesen: Marta schimpft. Jesus hilft Maria auf, die zu seinen Füßen sitzt. Sie gehen in die Küche, in der es mit einem Mal sehr gemütlich wird. Und dann: kochen, erzählen, essen, träumen, spülen.

FRAGE 077

Wie gelingt ein Fest?
Das Gleichnis vom großen Abendmahl (Lukas 14)

Die passende Umgebung hatte sich Jesus für die Geschichte schon mal ausgesucht. Er saß zu Tisch. Wovon die Geschichte handelt? Von einem Menschen, der zu einem großen Mahl am Abend lud. Der Gastgeber, von dem Jesus erzählte, hatte womöglich lange überlegt: „Soll ich feiern?“ Seine Freunde aber, die Nachbarn und Verwandten sagten: „Natürlich tust du das! Das wird ein großes Fest.“ Also fing er an zu planen. Er wälzte Kochbücher, kaufte im großen Stile ein, kochte, was vorzukochen war, und stellte Getränke in den kühlen Keller. Ausreichend sollte es zu essen und zu trinken geben. Näher rückten die schönen Stunden, die Laune stieg bei ihm jetzt stetig. In Gedanken hörte er, wie sich Musik in den sachten Feierlärm fädelte. Er meinte auf der Haut bereits die laue Abendluft zu spüren, die die Gäste sanft umspielen würde.

Fertig! Alles war vorbereitet. Der Gastgeber schickte seinen Knecht aus, um den Geladenen zu sagen: Das Fest beginnt! Der Erste sagte: *Ich habe einen Acker gekauft und muss hinausgehen und ihn besehen; ich bitte dich, entschuldige mich.* (Lk 14,18) Die zweite Reaktion: *Ich habe fünf Gespanne Ochsen gekauft und ich gehe jetzt hin, sie zu besehen; ich bitte dich, entschuldige mich.* (Lk 14,19) Der Gastgeber müsse Verständnis haben: Beruf und Arbeit, die Dinge, die das Leben sichern, gingen schließlich vor. Für den Einladenden war das trotzdem traurig. Beim dritten Gast brauchte er sich nicht zu sorgen. Dieser Mensch – das war bekannt! – hatte bislang stets ein Auge für die schönen Dinge des Lebens gehabt. Er antwortete: *Ich habe eine Frau genommen; darum kann ich nicht kommen.* (Lk 14,20) Das war schon keine Entschuldigung mehr, sondern eine Abfuhr: „Mein Fest sticht deines aus: Die Zweisamkeit lässt sich nicht unterbrechen." Immerhin: Die drei sagten wenigstens noch ab. Die anderen hielten es für nicht nötig – zumindest war niemand da, als das Mahl beginnen sollte. Es fiel aus. Die Feier mit der gepflegten Gästeliste fand nicht statt. Das Fest begann nicht, ein anderes Fest fing an. Kurzerhand wurden die *Armen, Verkrüppelten, Blinden und Lahmen* eingeladen. (Lk 14,21) Noch immer waren Plätze frei. Da sagte der Enttäuschte zu seinem Knecht: *Geh hinaus auf die Landstraßen und an die Zäune und nötige sie hereinzukommen, dass mein Haus voll werde.* (Lk 14,23) Zornig war er – doch zugleich verzweifelt. Seine Angst: dass er allein gelassen werden könnte. Er hatte Glück. Nach den anfänglichen Tränen konnte er noch lächeln. Der Abend wurde furios, weil sich schließlich Gäste fanden. Rauschhaft feierte die Fröhlichkeit. Zu einem Fest gehört der, der es veranstaltet, das ist klar. Genauso wichtig aber sind die Gäste. Jesus lag beides am Herzen. Gern wird überliefert: Ein Gastgeber ist er, der einlädt – beispielsweise zum Abendmahl. Was oft vergessen wird: Jesus war in erster Linie Gast. Einladungen schlug er niemals aus.

Beten – wie geht das?
Penetranter Freund und unverschämte Witwe (Lukas 11 + 18)

Wer betet, faltet brav die Hände und hofft auf Gottes liebes Wesen. Alles falsch – oder zumindest: Beten kann auch völlig anders sein, sagt Jesus und erzählt zwei Geschichten: Es ist Mitternacht, so beginnt die eine, und in ihr bittet jemand einen Freund, der zugleich sein Nachbar ist: *Lieber Freund, leih mir drei Brote; denn mein Freund ist zu mir gekommen auf der Reise, und ich habe nichts, was ich ihm vorsetzen kann.* (Lk 11,5.6) An einem anderen Ort, in der zweiten Geschichte, spricht eine Witwe einen hochangesehenen Richter an: *Verschaff mir Recht gegen meinen Widersacher!* (Lk 18,3) Der Freund und auch die Witwe, beide scheinen vergeblich zu bitten: *Mach mir keine Unruhe!,* antwortet der um Brot gebetene Nachbar: *Die Tür ist schon zugeschlossen, und meine Kinder und ich liegen schon zu Bett; ich kann nicht aufstehen und dir etwas geben.* (Lk 11,7) Der Freund also will nicht helfen. Ein angesehener Richter indessen wird seinen Ruf nicht in Mitleidenschaft ziehen wollen, er wird sich nicht ewig bitten lassen. Jedoch: *Er wollte lange nicht.* (Lk 18,4)

Trotzdem kommen die Bittenden schließlich zu Brot und Recht: *Wenn er schon nicht aufsteht und ihm etwas gibt, weil er sein Freund ist, dann wird er doch wegen seines unverschämten*

Drängens aufstehen und ihm geben, so viel er bedarf. (Lk 11,8) Und der Richter will der Witwe deshalb zu ihrem Recht verhelfen, *weil sie mir so viel Mühe macht und damit sie nicht zuletzt komme und mir ins Gesicht schlage.* (Lk 18,5) Gott, das könnten diese beiden Gleichnisse sagen, ist ein Freund und Richter, nicht immer aber freundlich und gerecht. Mit sanfter Stimme dringt niemand in den Himmel vor. Gebete, findet Jesus, könnten ruhig rabiater werden, genau genommen: unverschämt.

Wer zog beim Wettkampf der zehn Jungfrauen den Kürzeren?
Ein nicht gerade liebevoller Bräutigam (Matthäus 25)

Jesus war ledig. Eine der von ihm erzählten Geschichten aber drehte sich ums Hochzeitfeiern. Ein Bild für das Himmelreich sei diese Geschichte, erklärte er. Sie beginnt damit, dass ein Bräutigam sagt: „Ich komme bald." Zehn Jungfrauen freuten sich. Fünf, so Jesu Urteil, waren klug, die andern töricht. Der Bräutigam indes ließ auf sich warten. Es wurde dunkel, die Frauen schliefen ein. Punkt Mitternacht dann Geschrei: *Siehe, der Bräutigam kommt! Geht hinaus, ihm entgegen!* (Mt 25,6) Die törichten Jungfrauen hatten Lampen, aber – jetzt erschraken sie – kein Öl dabei, das ihnen hätte leuchten können. Die klugen Frauen dagegen waren glänzend vorbereitet, Streberinnen, die nie etwas vergaßen. „Gebt uns etwas ab", baten die anderen. Die Wohlvorbereiteten sagten: *Nein, sonst würde es für uns und euch nicht genug sein; geht aber zum Kaufmann und kauft für euch selbst.* (Mt 25,9) Ein kluger Rat, wie könnte es bei klugen Jungfrauen auch anders sein. Zugleich war ihr Tipp raffiniert und nicht gerade solidarisch: Denn als die törichten

Jungfrauen vom Kaufmann wiederkamen, hatten sich die klugen Jungfrauen und der Bräutigam abgesondert. Die Tür zum Brautgemach war verschlossen: *Herr, Herr, tu uns auf!*, riefen die Verspäteten, deren Lampen inzwischen tapfer brannten. *Er antwortete aber und sprach: Wahrlich, ich sage euch: Ich kenne euch nicht.* (Mt 25,11.12) Dabei konnte er die Jungfrauen durch die verschlossene Tür doch gar nicht sehen! Oder hatte er ein Guckloch, durch das er heimlich schaute?

Die Ausgesperrten mussten bestimmt weinen. Trotzdem frage ich mich: Wer von den Frauen hat eigentlich das bessere Los gezogen? Ein Himmelreich, bei dem die Tür verschlossen wird, wirkt nicht sehr attraktiv. Und wie zuverlässig ist ein Bräutigam, der sich ankündigt, sich dann aber ohne Entschuldigung auf unbestimmte Zeit verspätet? Endlich trifft er ein, geht jedoch den Menschen nicht entgegen, sondern lässt sie wie ein Herrscher zu sich kommen. Ich hoffe: Die törichten Jungfrauen waren klug und klopften nicht den Rest des Lebens an die Tür. Wer weiß, vielleicht gingen sie zum Kaufmann, der ihnen mitten in der Nacht geholfen hatte. Seine Tür blieb nicht verschlossen.

FRAGE 080

Wie viel dürfen Geschenke kosten?
Die Salbung Jesu (Matthäus 26; Johannes 12)

Reichtum ist nicht alles. Dem Leben kommst du auf die Spur, wenn du arm bist oder Armen hilfst. Das hatten die Jünger von Jesus gelernt. Natürlich: Jesus klang nicht immer so asketisch, sondern war auch lustig. Wasser hatte er in Wein verwandelt. Böse Zungen sagten, er tränke weit über seinen Durst hinaus. Davon abgesehen ging es bei ihm eher einfach zu. Doch dann kam diese Frau. Sie verschenkte ein Vermögen, denn *die hatte ein Glas mit kostbarem Salböl und goss es auf sein Haupt, als er zu Tisch saß.* (Mt 26,7) Noch mehr: Sie *salbte die Füße Jesu und trocknete mit ihrem Haar seine Füße; das Haus aber wurde erfüllt vom Duft des Öls.* (Joh 12,3) Reicher-Leute-Geruch umhüllte Jesus, lange Haare strichen über seine Füße. So viel Zuneigung für einen, der noch nicht einmal Geburtstag hatte. *Als die Jünger das sahen, wurden sie unwillig und sprachen: Wozu diese Vergeudung? Das Salböl hätte teuer verkauft und das Geld den Armen gegeben werden können.* (Mt 26,8.9) Ich frage mich oft selbst: Wie viel darf das Schenken kosten? Lasse ich dem kostbaren Geruch des Lebens freien Lauf? Jesus muss das sündhaft teure Öl, das Haar der Frau auf seiner Haut genossen haben. Als er den Ärger der Jünger spürte, *sprach er zu ihnen: Was betrübt ihr die Frau? Sie hat ein gutes Werk an mir getan. Denn Arme habt ihr allezeit bei euch, mich aber habt ihr nicht allezeit.* (Mt 26,10.11) Da ahnte Jesus bereits, dass er bald sterben würde. Das Leben kostete er aus – bis auf den letzten Tropfen.

Wieso hält Jesus an Petrus fest?
Ein Tollpatsch wird zum Chef ernannt (Matthäus 14 + 16 + 26; Johannes 18)

Mir fällt es oft schwer denen zuzuhören, die sehr wichtig sind: Sie heißen Führungskräfte, Direktoren, Funktionäre, Vorgesetzte. Sie reden sicher, verfügen manchmal über Witz, sind energisch und zuweilen auch gebildet. Mich stört jedoch das Schild um ihren Hals: „Ich bin souverän. Ich kontrolliere mich, ich gerate niemals aus der Fassung.“ Sie sind ein Fels, der jedem Chaos trotzt. Genau das darf man auch von Simon erwarten. Denn Jesus, der ihn in den Chefsessel für die Nach-Jesus-Ära hievt, gibt ihm den Namen Fels: *Du bist Petrus, und auf diesen Felsen will ich meine Gemeinde bauen.* (Mt 16,18)

Wieso Jesus ausgerechnet auf Simon setzt? Ein armer Fischer aus der Provinz ist er. Immerhin: Begeisterungsfähigkeit muss man ihm lassen. Als er Jesus auf dem Wasser wandern sieht, will er das gleich selbst probieren. *Petrus stieg aus dem Boot und ging auf dem Wasser und kam auf Jesus zu. Als er aber den starken Wind sah, erschrak er und begann zu sinken und schrie: Herr, hilf mir!* (Mt 14,29.30) Souverän wirkt das nicht gerade. Andererseits ist das sein Markenzeichen: Er gerät oft aus der Fassung. Als Jesus verhaftet wird, lässt der künftige Chef alle Kontrolle fahren. *Simon Petrus aber hatte ein Schwert und zog es und schlug nach dem Knecht des Hohenpriesters und hieb ihm sein rechtes Ohr ab.* (Joh 18,10) Da sagt Jesus: Stopp!

Den Chefanspruch des Simon Petrus widerruft Jesus noch immer nicht. Simons Reaktionen lassen sich kaum kalkulieren – die Treue freilich ist seine große Stärke. Also verspricht er hoch und heilig, Jesus niemals zu verraten. „Du wirst es tun", sagt Jesus: „Und zwar dreimal, dann kräht der Hahn." „Niemals", beharrt Petrus, der Fels. Einige Stunden später: Unweit von dem Ort, wo Jesus gefangen gehalten wird, sitzt Petrus am Feuer. „Du gehörst doch auch zu denen, die Jesus folgen!", wird er angesprochen. Petrus bekommt Angst, er schwört und flucht: „Nee, diesen Menschen kenne ich nicht!" Dreimal sagt er das – dann kräht der Hahn. *Da dachte Petrus an das Wort, das Jesus zu ihm gesagt hatte: Ehe der Hahn kräht, wirst du mich dreimal verleugnen. Und er ging hinaus und weinte bitterlich.* (Mt 26,75) Warum soll dieses Gefühlsbündel Chef der Christen werden? Vielleicht weil Jesus nicht auf Supermänner setzt. Er verabscheut kontrollierte Langeweile. Fehlerlosigkeit steht bei Jesus nicht an erster Stelle. Er will lieber Feuer. Und die Garantie dafür heißt Simon Petrus.

Kannte Jesus Schlafprobleme? Seine letzte Nacht (Markus 4 + 14; Lukas 22)

Ein Wirbelwind spielte mit dem Boot Katz und Maus. *Und die Wellen schlugen in das Boot, so dass das Boot schon voll wurde.* (Mk 4,37) Einem machte das überhaupt nichts aus: *Jesus war hinten im Boot und schlief auf einem Kissen.* (Mk 4,38) Der Wind heulte, Böen schlugen in die Segel, Wasser klatschte ins Boot hinein – Jesus schlief einen phänomenal tiefen Schlaf. Seine Jünger brachte das in Rage. *Sie weckten ihn auf und sprachen zu ihm: Meister, fragst du nichts danach, dass wir umkommen?* (Mk 4,38) Da stand Jesus auf, bedrohte Wind und Meer. *Und der Wind legte sich, und es entstand eine große Stille.* (Mk 4,39)

Die Stille nach dem Lärm finde ich erholsam, dennoch ärgere ich mich über Jesus. Warum schläft er, während andere vor Angst schlottern? Zugegeben: Ich bin auf Jesus auch neidisch, würde selbst gern fester schlafen, mich von Müllabfuhr, lautem Rufen und Autolärm nicht stören lassen. Wobei das eher Kleinigkeiten sind: schlimm dran, wer keinen Schlaf mehr findet. Alle Welt ruht, erholt sich und schlummert – nur der Schlaflose liegt von allen Schlafenden verlassen da.

Ausgerechnet das widerfuhr auch Jesus. Es war die letzte Nacht in seinem Leben. Er ging in den Garten Gethsamene. *Und er nahm mit sich Petrus und Jakobus und Johannes und fing an zu zittern und zu zagen.* (Mk 14,33) Die Jünger bat er: *Meine Seele ist betrübt bis an den Tod; bleibt hier und wachet!* (Mk 14,34) Dann fing er an zu beten. *Und er rang mit dem Tode und betete heftiger. Und sein Schweiß wurde wie Blutstropfen, die auf die Erde fielen.* (Lk 22,44) Das Gebet beruhigte ihn nicht. Aber die engsten Freunde würden ihm im Wirbelsturm der Angst bestimmt zur Seite stehen. *Er kam und fand sie schlafend und sprach zu Petrus: Simon, schläfst du? Vermochtest du nicht eine Stunde zu wachen?* (Mk 14,37) Niemand war da, der Jesus tröstete. Der vielleicht beste Schläfer aller Zeiten konnte keinen Schlaf mehr finden.

Warum küsste Judas seinen Lehrer?
Verrat und Gefangennahme Jesu (Matthäus 26)

Es ist der rätselhafteste Kuss der Bibel. Mit ihm verriet der Jünger Judas seinen Lehrer Jesus. Fürs Küssen kassierte er ein Honorar von 30 Silberlingen. Judas hatte mit religiösen Würdenträgern, denen Jesu Lebenswandel nicht geheuer war, ausgehandelt: Ich werde ihn euch übergeben. Nachts im Garten Gethsemane, wo Jesus lagerte, kam Judas *und mit ihm eine große Schar mit Schwertern und mit Stangen, von den Hohenpriestern und Ältesten des Volkes. Und der Verräter hatte ihnen ein Zeichen genannt und gesagt: Welchen ich küssen werde, der ist's; den ergreift. Und alsbald trat er zu Jesus und sprach: Sei gegrüßt Rabbi!, und küsste ihn.* (Mt 26,47-49)

Warum verriet Judas seinen Rabbi? Weil der Verräter Jesus liebte – mag es auch sonderbar klingen. Mit dieser Annahme aber wird der Kuss erklärbar und behält zugleich eine unauslotbare Tiefe. Große Hoffnung hatte Judas auf ihn gesetzt. Sein Lehrer, der gern vom Himmel auf Erden sprach, hatte viel, letztlich aber viel zu wenig losgetreten, ärgerte sich Judas. Die römische Schreckensmacht befand sich immer noch im Land. Dabei wäre es für Jesus ein Kinderspiel gewesen, diese fortzujagen. Nur war er zu oft phlegmatisch, fast schüchtern, in sich gekehrt und ohne rechten Kampfeseifer. Verrat – mit ihm könnte der Jünger seiner großen Liebe Jesus eine letzte Chance bereiten. Judas hoffte: Das Gefängnis vor Augen würde der von ihm Verehrte endlich kampfesmutig werden. Und so küsste Judas Jesus – ein letztes Mal, enttäuscht und zugleich mit einer wahnwitzigen Hoffnung. Alle seine Sehnsucht legte er in die Berührung.

Wer der Sehnsucht vertraut, den lässt sie oft unverschämt verzweifeln. Judas wollte Jesu Liebe für die Welt erblühen lassen – doch den er drängen wollte, der ließ sich nicht zwingen. Gleichmütig nahm Jesus die Fesseln an. Da ahnte Judas: umsonst! Er war zu weit gegangen. Und *als er sah, dass Jesus zum Tode verurteilt war, reute es ihn. Und er brachte die 30 Silberlinge den Hohenpriestern und Ältesten zurück.* (Mt 27,3) Verzweifelt hoffte Judas zu retten, was zu retten war, und flehte: *Ich habe Unrecht getan, dass ich unschuldiges Blut verraten habe. Sie aber sprachen: Was geht uns das an?* (Mt 27,4)

Judas wirft sein Honorar mit großer Geste in den Tempel. Und während es dort klimpert, weiß er: ausgespielt. Da sieht er nur noch eine Möglichkeit, dem zum Tode Verurteilten, der tragischen Liebe seines Lebens, nah zu sein: *Er ging fort und erhängte sich.* (Mt 27,5)

Warum wäscht Pilatus sich die Hände?
Der Prozess Jesu (Matthäus 27)

Es war das seltsamste Verhör seines Lebens. Dabei war Pilatus geübt. Als Statthalter der Römer sollte er in Palästina für Ruhe sorgen. Gar nicht einfach: Unter den Juden gab es immer wieder welche, die die Römer aus dem Lande jagen wollten. „Ist das ein Terrorist?“, musste sich Pilatus regelmäßig bei Gerichtsprozessen fragen. Das herauszufinden, war für ihn normalerweise ein Kinderspiel. Entweder Freispruch und der Daumen zeigt nach oben – oder eben nicht. Bei Jesus, den einige seiner jüdischen Religionsgenossen in Fesseln vor Pilatus führten, verhielt sich alles anders. *Bist du der König der Juden?* (Mt 27,11) So begann Pilatus das Verhör. Wenn Jesus das behauptet hatte, war die Sache klar: Größenwahnsinnige, Unruhestifter und solche, die es werden wollen, sollen ruhig am Kreuze hängen. *Du sagst es*, sagte Jesus – was für Pilatus eine komplizierte Antwort war. Er wollte ja nicht wissen, was er selbst gesagt hatte, sondern was der Angeklagte dachte. Jesus schwieg. Die Leute, die den Verdächtigen an Pilatus übergeben hatten, redeten desto mehr. *Da sprach Pilatus zu ihm: Hörst du nicht, wie hart sie dich verklagen? Und er antwortete ihm nicht auf ein einziges Wort, so dass sich der Statthalter sehr verwunderte.* (Mt 27,13.14)

Nicht unsympathisch, wie Pilatus auf Jesus reagiert. Sympathischer zumindest als der wissende Eifer von vielen Richtern, Wissenschaftlern und Biographen, die Menschen versuchen festzuschreiben. Über Jesus gibt es tausende von Büchern und nicht enden wollende, kleingedruckte Lexikonartikel. Begeistert wäre ich, wenn ich einmal eine schlichte Charakterisierung fände: „Jesus von Nazareth: Er verwundert sehr." Für Pilatus wurde die Sache Jesu aber nicht nur wunderlich, sondern sehr verworren. Sogar seine Frau schwang sich zur Zeugin auf, obwohl sie Jesus niemals begegnet war. In der vielleicht kniffligsten beruflichen Frage seines Lebens *ließ sie ihm sagen: Habe du nichts zu schaffen mit diesem Gerechten. Seinetwegen habe ich heute viel erlitten im Traum.* (Mt 27,19) Anders als die Frau des Pilatus hielten die versammelten Leute Jesus für schuldig: „Kreuzige ihn!", riefen sie und drängten Pilatus, diesen in den Tod zu geben. Der Statthalter dachte an die Römer. Was wohl deren Interesse wäre? Auch dem Angeklagten selbst wollte er kein Unrecht tun. Auf Pilatus stürzten unterschiedliche Interessen ein. Als ob unzählige Kinderhände sich an einen klammern und jede zerrt in eine andere Richtung. Wenn man sich nur schütteln könnte, fliehen, die Tür zuschlagen und dann endlich Ruhe haben.

Pilatus aber muss entscheiden und beginnt sich zu zerteilen. Er verurteilt Jesus – und will es nicht gewesen sein. *Als aber Pilatus sah, dass er nichts ausrichtete, sondern das Getümmel immer größer wurde, nahm er Wasser und wusch sich die Hän-*

de vor dem Volk und sprach: Ich bin unschuldig an seinem Blut. (Mt 27,24) Nichts bringt die Verwirrung des Pilatus mehr zum Ausdruck. Denn wieso beteuert ein Richter, der doch gar nicht angeklagt ist, seine Unschuld? Der Gerichtsprozess steht Kopf. Denn der schweigende Gefesselte lässt den Richter nicht mehr los. Die Verstörung des Pilatus ist eins der schönsten Urteile, die es über Jesus gibt: Kaum zu fassen ist er, der die Rollen durcheinanderwirbelt, geheimnisvoll – und sein Name lautet: Der verwundert.

Wie kann man mit dem Tod umgehen?
Die Kreuzigung (Lukas 23)

Wenn der Tod durch die Straßen geht, an der Tür kratzt und in der Nähe seine Kraft entfaltet, wollen viele fliehen. Vor allem dann, wenn er besonders schrecklich handelt. Auch als Jesus starb, spielte der Tod seine Künste qualvoll aus. Wie reagierten Menschen, als Jesus ans Kreuz geschlagen wurde? Einige *verteilten seine Kleider und warfen das Los darum.* (Lk 23,34) Noch lebt der Sterbende – schon wird vor seinen Augen das Erbe aufgeteilt. Das ist eine Möglichkeit, auf den Tod zu reagieren. *Aber die Oberen spotteten und sprachen: Er hat andern geholfen; er helfe sich selbst, ist er der Christus, der Auserwählte Gottes.* (Lk 23,35) Auch das ist möglich: Ich kann dem Sterbenden die Schuld für seinen Tod selber in die Schuhe schieben: Hättest du gesund und taktisch klug gelebt, könntest du jetzt noch lachen. Die spottende Genugtuung verbirgt indes nur die Angst – denn es könnte einen selbst als Nächsten treffen. Noch aber greift der Tod ja stets nach einem anderen. Jesus ruft: Vater, ich befehle meinem Geist in deine Hände! *Als aber der Hauptmann sah, was da geschah, pries er Gott und sprach: Fürwahr, dieser ist ein frommer Mensch gewesen!* (Lk 23,47)

Der Hauptmann reagiert, indem er den Tod religiös deutet und Gott preist, was alles leichter machen kann. Ich kann es nicht. Angesichts des Todes will ich Gott nicht loben. *Es standen aber alle seine Bekannten von ferne, auch die Frauen, die ihm aus Galiläa nachgefolgt waren, und sahen das alles.* (Lk 23,49) Sie griffen weder ein noch kommentierten sie den Schrecken. Sie schwiegen und schauten nur von ferne. Vielleicht darf man Abstand halten? Das heißt ja nicht, dass die Lähmung ewig dauert. Die Frauen, die nur von ferne schauten, trauten sich nach drei Tagen ans Grab Jesu. Sie waren die Ersten, die hörten: *Er ist nicht hier, er ist auferstanden.* (Lk 24,6)

FRAGE 086

Was hält Jesus von Zweiflern?
Der Auferstandene zeigt sich den Jüngern (Johannes 20)

Seine eigene Trauergesellschaft brachte er zum Feiern. Als Jesus tot war, stahl er sich dem Tod davon, besuchte seine Jünger und sagte: „Ich bin es höchstpersönlich!" Er zeigte seine Wunden, womit ersichtlich war: Der Tod war nur vermeintlich Sieger. *Thomas aber, der Zwilling genannt wird, einer der Zwölf, war nicht bei ihnen, als Jesus kam.* (Joh 20,24) Ein Grund für sein Fehlen wird nicht genannt, Thomas hatte Jesus einfach so verpasst und war untröstlich. Da konnten die anderen noch so oft zu ihm sagen: *Wir haben den Herrn gesehen.* (Joh 20,25) Das klang nach einer Weile fast schon hämisch: „Wir haben ihn gesehen – und du nicht." Natürlich: Thomas hätte nachplappern können, was nun eben alle sagten: „Jesus lebt!" Doch aufs bloße Hörensagen wollte er sich nicht verlassen, brav nicken war seine Sache nicht. *Wenn ich nicht in seinen Händen die Nägelmale sehe und meinen Finger in die Nägelmale lege und meine Hand in seine Seite lege, kann ich's nicht glauben.*

(Joh 20,25) Und Jesus scheint die Geschichte noch einmal zurückzudrehen. Wieder gelangt er durch verschlossene Türen, wie beim ersten Besuch der Jünger. Wieder lauten seine Worte wie beim ersten Mal: *Friede sei mit euch!* Der Unterschied: Diesmal ist Thomas mit dabei. Wort für Wort entspricht Jesus seiner Bitte, indem er sagt: *Reiche deinen Finger her und sieh meine Hände und reiche deine Hand her und lege sie in meine Seite. Jesus wünscht sich: Sei nicht ungläubig, sondern gläubig.* (Joh 20,27) Und der Zweifler Thomas, der sich nichts auf die Nase binden ließ, rühmt Jesus, wie es keiner vor ihm tat: Mein Herr und mein Gott! (Joh 20,28) Ausgerechnet Thomas spricht diese majestätischen Worte. Seine Sehnsucht hatte sich erfüllt. Das heißt zugleich: In Thomas adelt Jesus alle Zweifler.

Warum geht Jesus nach der Auferstehung wandern?
Die Jünger von Emmaus (Lukas 24)

Es war unheimlich und herrlich. Jesus lag nicht mehr im Grab, sondern lebte. Viele hielten das für erfunden, manche lachten, andere glaubten ihn gesehen zu haben. Offenbar konnte er auch durch verschlossene Türen treten oder schweben – niemand wusste, wie das geschah. Spielend überbrückte der einstige Wanderprediger riesige Entfernungen, auf einmal stand er mitten im Raum, wie aus dem Nichts gekommen – was durchaus wörtlich verstanden werden kann. Er war ja aus dem Nichts heraus ins Leben gedrungen. „Ein Geist!“, schrieen die Jünger, als sie ihn sahen. Nur mühsam beruhigten sie sich wieder.

Ganz anders näherte sich Jesus zweien, die nicht zum engsten Jüngerkreis zählten. Die gingen von Jerusalem nach Emmaus, eine Wanderung von ungefähr zwei Stunden. Jesus gesellte sich zu ihnen. Diesmal also wählte der Auferstandene normales Wandertempo. Auf die Stirn tritt erster Schweiß, das ist wie früher. Nur eine Sache ist besonders: *Ihre Augen wurden gehalten, dass sie ihn nicht erkannten.* (Lk 24,16) Jesus wollte nicht, dass sie ihn feierten oder über ihn erschraken. Er hoffte einfach nur, in Ruhe wandern zu können. So kamen sie – wie das beim steten Gehen nun mal ist – ins Reden, sprachen über Gott, die Welt und natürlich über Jesus. „Was soll das nur?", fragten die zwei Jünger. „Wir verstehen es nicht: Kreuzigung, Auferstehung und alle diese Dinge." Und Jesus? Er legte die biblischen Schriften aus, wie er es auch vor seinem Tod oft tat. Er erklärte, was das mit diesem Jesus auf sich hat. Jesus selbst interpretierte Jesus: ein Versteckspiel der besonderen Güte.

Und sie kamen nahe an das Dorf, wo sie hingingen. Und er stellte sich, als wollte er weitergehen. (Lk 24,28) Warum tat er nur so? Weil er nicht sofort in jenen schwebend-sphärischen Zustand zurückkehren wollte, der andere erschrecken ließ. *Sie nötigten ihn und sprachen: Bleibe bei uns; denn es will Abend werden, und der Tag hat sich geneigt. Und er ging hinein, bei ihnen zu bleiben.* (Lk 24,29) Denn eine Wanderung wird durch die Rast vollendet: Jesus hatte Lust auf eine Vesper. *Und es geschah, als er mit ihnen zu Tisch saß, nahm er das Brot, dankte, brach's und gab's ihnen.* (Lk 24,30) Genau in diesem Augenblick, beim Essen also, erkannten sie Jesus. Und er verschwand. Und die beiden Wanderer? Sie erschraken nicht, sondern rannten. Sie kehrten nach Jerusalem zurück, um den Jüngern zu sagen: „Jesus lebt und schwebt, doch habt keine Angst: Er isst, trinkt und geht auch über festen Boden."

War Jesus ein Säufer? Der Wein im Leben Jesu (Matthäus 4 + 11, Markus 15, Johannes 2 + 21)

Sechs große, steinerne Krüge ließ Jesus mit Wasser füllen – und plötzlich war daraus bester Wein geworden. Auf der Hochzeit in Kana geschah das, als der Wein auszugehen drohte. (Joh 2) Wer Wasser in Wein verwandelt, lädt zum Trinken ein. Das heißt noch lange nicht, dass Jesus ein Trinker gewesen wäre. Trotzdem hat Wein, betrachtet man Jesu Leben im Ganzen, eine nicht gerade unbedeutende Rolle gespielt. Zuweilen musste Jesus hören: *Was ist dieser Mensch für ein Fresser und Weinsäufer!* (Mt 11,19) Und in der Tat: Jesus saß gern am Tisch und feierte. Es ist nicht von der Hand zu weisen, dass er gewisse Lieblingsthemen hatte. *Ich bin der Weinstock, ihr seid die Reben.* (Joh 15,5) Und Gott ist der Gärtner, der den Weinberg pflegt. Welches Ziel haben Weinstock, Reben und der Gärtner? Fröhlichkeit – was Jesus nicht sagt, weil es sich von selbst versteht.

Nicht nur fröhlich war das Mahl, das Jesus am Vorabend seines Todes feierte. Später sollte dieses Abendmahl an ihn erinnern. Das Getränk dabei ist wieder einmal – Wein. Hatte Jesus am Ende ein Bäuchlein vom vielen Essen und vom Trinken eine rote Nase? Jesus: kein Vorbild für die Jugend? Für die Kampagne „Keine Macht den Drogen“, unterstützt von vielen Prominenten und Sportlern, wäre Jesus als Werbeträger sicher nicht verpflichtet worden. Dabei war er fast so etwas wie ein Sportler: Ständig reiste er umher – zu Fuß. Extremen setzte er sich aus, als er unter freiem Himmel lebte: Sage und schreibe 40 Tage und Nächte in der Wüste aß er nicht und trank auch keinen Tropfen Wein. (Mt 4,1.2) Das war am Anfang seiner Laufbahn – bevor Jesus mit dem Wandern und Feiern begann. Ganz am Ende, als er gekreuzigt wurde, gaben sie *ihm Myrrhe in Wein zu trinken; aber er nahm's nicht.* (Mk 15,23) Denn Jesus trank nicht Wein, um sich zu betäuben.

Den Schmerz spürte er bis in den tiefsten Grund – es war das Ende aller Fröhlichkeit. Nach drei Tagen aber war das Ende noch lange nicht das Ende. Jesus schlüpfte aus dem Grab und zeigte sich den Jüngern am See Tiberias. (Joh 21) Dort briet er Brot und Fische über einem Kohlenfeuer. Was Jesus den Jüngern zu trinken reichte, darf sich jeder selbst ausmalen.

Macht der Heilige Geist beschwipst? Das Pfingstwunder (Apostelgeschichte 2)

Vielleicht das Schönste war: Endlich trauten sie sich nach draußen. Ohne Jesus, der nach seiner Auferstehung auf einer Wolke in Richtung Himmel davongefahren war, hatten die Jünger den ganzen Tag im Haus gehockt. Aber dann: Eine Mischung aus Orchester-Tutti, Wind und Feuerwerk kam über sie: Ein Brausen vom Himmel, ein Sturm war das. *Und es erschienen ihnen Zungen, zerteilt, wie von Feuer.* (Apg 2,3) Es erwischte sie der Heilige Geist, der sie zum Reden brachte. *Sie fingen an zu predigen in andern Zungen, wie der Geist ihnen gab auszusprechen.* (Apg 2,4) Diese Sprachfiguren waren ihnen bislang unbekannt gewesen. Verworren, rätselhaft klang das und zugleich doch auch harmonisch. Die Menschen auf den Straßen der Multikulti-Stadt Jerusalem hörten die Jünger in ihrer jeweiligen Landessprache reden. Seltsam, dachte sich die Menge. Denn die Jünger waren keine Sprachgenies, sondern stammten aus der Provinz: *Sind nicht diese alle, die da reden, aus Galiläa?* (Apg 2,7) Fremd sprachen die Jünger. Was man aber hörte, klang vertraut. Sinn und Ekstase gaben sich die Hand. Kaum zu beschreiben war dieses Ineinander der Laute. Viele bekamen Angst, andere nahmen es locker und spotteten: *Sie sind voll von süßem Wein.* (Apg 2,13)

Petrus aber wehrte ab: *Diese sind nicht betrunken, wie ihr meint.* (Apg 2,15) Es sei schließlich erst neun Uhr am Vormittag. Und trotzdem: Hatte vielleicht der heilige Geist die Jünger in einen Rausch versetzt? Ihre Münder waren nicht mehr stumm, sie hatten ein Schlupfloch aus der Angst gefunden. Die Zungen gingen fremde Wege, was in der Tat an einen Schwips erinnerte. Der Unterschied zum Alkohol: Die Zungen lahmten nicht, sie reagierten lebendig und zugleich präzise. Die Jünger agierten wie im Schwindel, ihnen war jedoch nicht schwindlig. Der Heilige Geist versetzte sie in einen Rausch ganz ohne Nebenwirkungen. Allerdings: Auch der Heilige Geist lässt nach und hinterlässt einen Kater. Der vom Alkohol Verkaterte schwört mit brummendem Kopf: „Nie wieder!" Wenn der Heilige Geist davongeflogen ist, hofft der Ernüchterte: „Hoffentlich stürmt er bald wieder."

Muss in einer Gemeinschaft immer Harmonie herrschen?
Die ersten Christen und der Privatbesitz (Apostelgeschichte 5)

Ich freute mich bereits, wenn es gelang, Sprudel oder Waschpulver gemeinsam zu besitzen. Das Wohnen in der Wohngemeinschaft deswegen aber als harmonisch zu charakterisieren, wäre zu hoch gegriffen. Es glich eher einem harten Brot, das wir nüchtern aßen. Kein Vergleich mit der Gemeinschaft der ersten Christen in Jerusalem: Denn unter ihnen zu leben bedeutete das pure Glück. Kein noch so kleines Zwicken störte die ständigen Umarmungen. *Die Menge der Gläubigen aber war ein Herz und eine Seele; auch nicht einer sagte von seinen Gütern, dass sie sein wären, sondern es war ihnen alles gemeinsam.* (Apg 4,32) Wer Äcker oder Häuser hatte, verkaufte sie und überreichte das Geld den Aposteln. So machte es auch das Ehepaar Hananias und Saphira. Als Hananias nach dem Verkauf des Ackers das Geld vorlegte, rügte Petrus jedoch: „Das ist nicht alles gewesen!" Und ungemein pathetisch fügt er an: *Du hast nicht Menschen, sondern Gott belogen.* (Apg 5,4) Hananias fiel zu Boden und war tot. Da standen junge Männer auf, wohl eine Art Privat-Polizei der Gemeinde, *und deckten ihn zu und trugen ihn hinaus und begruben ihn. Es begab sich nach einer Weile, etwa nach drei Stunden, da kam seine Frau herein und wusste nicht, was geschehen war.* (Apg 5,6.7) Petrus aber, der einst Jesus dreimal verraten hatte und dem dennoch verziehen wurde, begann nun mit Saphira zu spielen. Er tat, als ob er von nichts wüsste: *Sag mir, habt ihr den Acker für diesen Preis verkauft? Sie sprach: Ja, für diesen Preis.* (Apg 5,8) Da malte Petrus ihr genüsslich aus, was die willigen Helfer gleich mit ihr vollführen würden. *Siehe, die Füße derer, die deinen Mann begraben haben, sind vor der Tür und werden auch dich hinaustragen.* (Apg 5,9) Das genügte. *Und sogleich fiel sie zu Boden, ihm vor die Füße, und gab den Geist auf. Da kamen die jungen Männer und fanden sie tot, trugen sie hinaus und begruben sie neben ihrem Mann.* (Apg 5,10) Warum verhielt sich Petrus so? Womöglich trieb ihn das Ideal der Harmonie an. Wenn das Gemeinschaftsglück zur Pflicht erhoben wird, stellen selbst kleine Abweichungen das System in Frage. Verzeihen wird unmöglich. Statt der harmonischsten aller Gemeinschaften lebe ich lieber in einer durchschnittlichen Familie oder einer Wohngemeinschaft – mit Zwicken, Streit und Reibereien. Abweichen von der Perfektion führt nicht zum Tod.

Hat ständiges Beten eigentlich auch Nebenwirkungen?
Die Befreiung des Petrus (Apostelgeschichte 12)

Sicherer ging es nicht: 16 Soldaten bewachten den Apostel Petrus im Gefängnis in Jerusalem. Zwei Ketten fesselten ihn, zwei Soldaten standen neben ihm, die anderen 14 bewachten das Gefängnistor. Am nächsten Tag sollte der Gefangene sterben. Denn König Herodes hatte es auf die Christen und damit auch auf Petrus abgesehen. *Aber die Gemeinde betete ohne Aufhören für ihn zu Gott.* (Apg 12,5) Der Himmlische hatte keine tauben Ohren und widmete sich dem Gefangenen. *Und siehe, der Engel des Herrn kam herein, und Licht leuchtete auf in dem Raum; und er stieß Petrus in die Seite und weckte ihn und sprach: Steh schnell auf! Und die Ketten fielen ihm von seinen Händen.* (Apg 12,7)

So fest schlief Petrus, dass der Engel ihn erst treten musste. Noch müde tappte Petrus ihm dann hinterher ins Freie. Und erst viele hundert Meter weiter, als der Engel bereits verschwunden war und Petrus auf der weiten Straße stand, kam ihm die leise Ahnung: Das ist kein Traum – ich bin wirklich frei! Rasch wollte er der Gemeinde Nachricht geben. *Als er aber an das Hoftor klopfte, kam eine Magd mit Namen Rhode, um zu hören, wer da wäre. Und als sie die Stimme des Petrus erkannte, tat sie vor Freude das Tor nicht auf, lief hinein und verkündete, Petrus stünde vor dem Tor.* (Apg 12,13.14) Die Magd war die Einzige, die sich freute. Die anderen, obwohl sie seit Stunden für die Befreiung des Petrus beteten, wollten es nicht glauben. *Du bist von Sinnen,* beschimpften sie Rhode, die die Andacht unterbrochen hatte. *Doch sie bestand darauf, es wäre so. Da sprachen sie: Es ist sein Engel.* (Apg 12,15) Während die drinnen nicht aus ihrer Versenkung kamen, konnte der draußen nicht zu ihnen kommen. *Petrus aber klopfte weiter an.*

Endlich unterbrachen die Andächtigen ihre Andacht. *Als sie nun aufmachten, sahen sie ihn an und entsetzten sich.* (Apg 12,16) Sie konnten nicht glauben, dass Gebete in Erfüllung gehen – was umgekehrt heißt: Sie waren süchtig. Fast schon liebten sie den Schrecken, weil er Anlass bot, immer wieder neu zu beten. Magd Rhode hatte das Klopfen gleich gehört. Der Erzähler ehrt sie, indem er sie beim Namen nennt. Die 24-Stunden-Beter hingegen fanden noch immer keine Freude, sie erschraken nur – was Petrus ziemlich nervte. Seine Reaktion zumindest war kurz angebunden: *Er aber winkte ihnen mit der Hand, dass sie schweigen sollten, und erzählte ihnen, wie ihn der Herr aus dem Gefängnis geführt hatte, und sprach: Verkündet dies dem Jakobus und den Brüdern. Dann ging er hinaus und zog an einen andern Ort.* (Apg 12,17)

FRAGE 092

Wie gelingt es Eutychus, die Predigt des Paulus zu beenden?
Die Auferweckung eines Predigthörers (Apostelgeschichte 20)

Paulus war ein Mensch, der für sein Leben gern von Gott und Jesus erzählte. Dafür stieg der Apostel auf keine feste Predigtkanzel. Auch ließ er sich nicht in einem Pfarrhaus nieder. Nein, der ständige Aufbruch war sein Markenzeichen. Von Stadt zu Stadt reiste er, durch Kleinasien, durch Griechenland, selber in Rom war er gewesen. Bei bestehenden Gemeinden war er zu Gast und gründete auch selbst welche. Eines Tages besuchte er Troas – und zwar für einen Tag. Er wollte mit der Gemeinde feiern. Doch vor dem Vergnügen kommt erst einmal die Predigt. *Da er am nächsten Tag weiterreisen wollte, zog er die Rede hin bis Mitternacht.* (Apg 20,7)

Weil ihm nur wenige Stunden zu Verfügung standen, servierte er der Gemeinde einen Endlosbatzen Worte. Das wird nicht viel anders gewesen sein als bei Familienfesten oder Vereinsversammlungen. Jemand steht auf und beginnt die Rede mit den Worten: „Eigentlich will ich nicht viel sagen." Und schon weiß der erfahrene Hörer: Mit Sicherheit passiert das Gegenteil. Und der Hunger nach dem Redeschluss steigt in der Schar der Hörenden ins Unermessliche. Auch während der Predigt des Paulus in Troas knurrten die Mägen. Denn das Brot musste warten, bis es gebrochen werden durfte. Das war erst möglich, wenn die Predigtklappe fiel, was noch in weiter Ferne lag. Inzwischen war sogar die Dunkelheit hereingebrochen. *Es waren viele Lampen in dem Obergemach, wo wir versammelt waren* (Apg 20,8), berichtet der biblische Schreiber, der diese unvergessliche Nacht zu Troas aufgezeichnet hat. Viele Lampen – das klingt heimelig. Selbst ein gut ausgeleuchteter Raum kann freilich nicht verhindern: Irgendwann wird der Kopf des Predigthörers schwer und träge. Wie aber einem Gottesmann der allerersten Güte zu verstehen geben, mit dem gemütlicheren Teil des Abends zu beginnen? Keine Lösung ist in Sicht, denn jeder Versuch, die Predigt zu unterbrechen, könnte beim Redner einen Wutausbruch auslösen. Und Paulus war dafür bekannt, feurige Worte zu spucken.

Nur ein Wunder konnte helfen, die Predigt zu beenden – und tatsächlich: Es war ein Wunder, das Paulus zu einem Ende zwang. Das Wunder war zugleich eine Tragödie von großer Tiefe. Genau bemessen betrug diese Tiefe drei Stockwerke. *Es saß aber ein junger Mann mit Namen Eutychus in einem Fenster und sank in einen tiefen Schlaf, weil Paulus so lange redete. Und vom Schlaf überwältigt fiel er hinunter vom dritten Stock und wurde tot aufgehoben.* (Apg 20,9)

Wenn das kein Beweis dafür ist, welche Macht die Worte haben – oder präziser: welche unheilvolle Wirkung Redner haben, die in den Schlaf befördern. In der Gemeinde gab es ein großes Jammern. Paulus selbst jedoch war nicht bestürzt, eher gekränkt. Stundenlang predigt der Apostel von Auferstehung und dem neuen Leben – die Folge aber ist ein Sturz mit Todesfolge! *Paulus aber ging hinab und warf sich über ihn, umfing ihn und sprach: Macht kein Getümmel; denn es ist Leben in ihm.* (Apg 20,10) Wie abwegig aber auch, sich über den toten Eutychus aufzuregen. Falls etwas entsetzlich ist, dann schon eher, dass er seine Predigt nicht zu Ende führen kann! So mochte Paulus denken, als er sagte: Macht kein Getümmel. Ein Glück für die lärmende Gemeinde und Eutychus, dass Paulus nicht nur Prediger, sondern auch ein Mann der Wunder war. Er hauchte dem Gefallenen neues Leben ein. Das noch größere Wunder aber war: Endlich wurde das Brot gebrochen. Paulus kehrte in das Obergemach zurück, wo er noch weiterredete, allerdings nicht mehr in Einbahnstraßen-Richtung, sondern, wie es wörtlich heißt, *mit ihnen.* (Apg 20,11) So schwappte das Gespräch beim feierlichen Mahl hin und her, bis der Morgen dämmerte. Dann brach Paulus auf, in die nächste Stadt, zur nächsten Predigt. Die Christen zu Troas aber, so lautet das Fazit die Geschichte, *wurden nicht wenig getröstet.* (Apg 20,12) Ein raffinierter Satz. Denn den Grund, warum die Gemeinde so sehr getröstet wurde, darf sich der Leser selber denken. Natürlich, Paulus war ein Mann mit großer Wunderkraft. Und niemand wird behaupten, dass dieser Gottesmann nicht etwa trösten könnte. Doch der geheime Held des Abends hieß Eutychus.

FRAGE 093

Wie rettet man ein Schiff in Seenot?
Von der Besserwisserei des Paulus (Apostelgeschichte 27)

Paulus wusste viel. Er war ein jüdischer Gelehrter, der dann Christ geworden war und davon aller Welt erzählen musste. Vom

Segeln aber hatte er keinen Schimmer, weil er nur als Passagier zu reisen pflegte. Und trotzdem: Auch beim Segeln musste er alles besser wissen. So geschah es auf der Fahrt nach Rom, die er als Gefangener absolvierte. Schon vorher tönte Paulus: *Liebe Männer, ich sehe, dass diese Fahrt nur mit Leid und großem Schaden vor sich gehen wird, nicht allein für die Ladung und das Schiff, sondern auch für unser Leben.* (Apg 27,10) Er riet, auf dem Festland zu überwintern. Der Hauptmann, der mit einigen Soldaten zusammen die Gefangenen auf dem Schiff begleitete, *glaubte dem Steuermann und dem Schiffsherrn mehr als dem, was Paulus sagte.* (Apg 27,11) Vernünftig, denn die waren schließlich die Experten.

Kaum hatte das Schiff abgelegt, erhob sich ein großer Wind. Gegen ihn zu segeln war unmöglich. Schon bald ließ die Mannschaft das Schiff treiben, umspannte es zum Schutz mit Seilen und sicherte das Beiboot. Aus dem Wind wurde ein Sturm. Die Mannschaft schmiss Ladung über Bord, dann folgte Schiffsgerät. Es nutzte wenig, das Unwetter dauerte viele Tage. Sonne und Sterne schienen für alle Zeit verschwunden, so war alle *Hoffnung auf Rettung dahin.* (Apg 27,20) Da griff die Landratte Paulus wieder ins Geschehen ein: Hatte er nicht alles vorher schon gewusst? Nun sei es aber endlich an der Zeit, auf ihn zu hören: *Seid unverzagt, denn keiner von euch wird umkommen, nur das Schiff.* (Apg 27,22) Woher er das nun wieder wüsste? Ein Engel sei ihm erschienen! Aha. Die Schiffsleute trauten lieber ihrer Berufserfahrung. Sie ließen sich vom Senkblei leiten, das ihnen sagte: Land ist in der Nähe. Da stand für sie fest: Endlich runter vom Schiff und damit zugleich die Chance nutzen, von diesem mehr als sonderbaren Paulus wegzukommen. Sie planten, im Beiboot zu fliehen. Paulus erriet die Absicht und warnte den Hauptmann: *Wenn diese nicht auf dem Schiff bleiben, könnt ihr nicht gerettet werden.* (Apg 27,31) Noch bevor die Fluchtwilligen sich vor Paulus retten konnten, hieben die Soldaten die Taue des Rettungsbootes ab. Denn Hauptmann und Soldaten begannen unterdessen den merkwürdigen Ansichten des Paulus Gehör zu schenken. Das Rettungsboot trieb leer davon, die Mannschaft musste auf dem Schiff bei Paulus bleiben. Schlimmer konnte es kaum noch kommen. Ein Unwetter, das kein Ende findet, eine Schiffsmannschaft, die fliehen will, und seit Tagen hat keiner etwas gegessen. Aber sie mussten ja auch sparen, weil niemand wusste, wie lange sie noch treiben würden. Paulus freilich sprach: Wir essen jetzt! *Und als er das gesagt hatte, nahm er Brot, dankte Gott vor ihnen allen und brach's und fing an zu essen.* (Apg 27,35) Und alle machten es dem verrückten Paulus nach. *Und nachdem sie satt geworden waren, erleichterten sie das Schiff und warfen das Getreide in das Meer.* (Apg 27,38) Das Beiboot war weg, neben dem versenkten Schiffsgerät befand sich nun auch der Proviant im Meer – da verzichtete die Besatzung auf die letzte Sicherheit: Sie hieben alle Anker ab, damit das Schiff noch leichter wird. Eine Bucht lag vor ihren Augen. *Und als sie auf eine Sandbank gerieten, ließen sie das Schiff auflaufen, und das Vorderschiff bohrte sich ein und saß fest, aber das Hinterschiff zerbrach unter der Gewalt der Wellen.* (Apg 27,41) Alle überlebten. Selbst die Nichtschwimmer fraß das Meer nicht auf, weil sie nach Brettern oder Planken griffen. Gerettet hatte sie das seltsame Konzept des selbsternannten Seeexperten Paulus: „Verzichte auf die Anker der Sicherheit. Wenn Sturm kommt, iss und spare nicht. Vor allem aber tue stets das Gegenteil von dem, was normalerweise gilt."

FRAGE 094

Gibt es eine Auferstehung auch für Pflanzen und Tiere?
Vom Seufzen und Hoffen der Schöpfung (Römer 8)

Als Kind beobachtete ich, wie Fliegen, Bienen oder Wespen gegen die Fensterscheibe im Zimmer hämmerten. Die kleinen

Flieger schienen durch das Glas den Wald zu sehen und wollten in die Freiheit hinaus. Ich kippte das Fenster. Wie irr geworden hielten sie an ihrem vergeblichen Rettungsweg durch die Scheibe fest. Kaum schaffte ich es, sie über den Rahmen des geöffneten Fensters hinauszulocken. Gut, dass ich selbst den Weg ins Freie weiß, dachte ich. Ich rannte durch den Wald, genoss es, barfuß über die Wiese vor dem Haus zu gehen. Ein kleiner Pieks, als ich einmal stehen blieb. Und dann? Ein Höllen-Schmerz! Ich hob den Fuß und eine von mir eingesperrte Wespe flog davon.

Dem Apostel Paulus geht das Seufzen der Kreaturen nahe, wobei er nicht nur an Menschen denkt. *Die Schöpfung ist ja unterworfen der Vergänglichkeit,* schreibt er in einem an römische Christen gerichteten Brief (Röm 8,20). Wie sehr das Leben vom Schmerz durchflochten ist, hat der Autor selbst erfahren: Gefängnis, Schläge, Schiffbruch und Verfolgung waren für ihn keine Seltenheit. Vielleicht ist er deshalb so feinfühlig, auch das Schreien von Pflanzen und Tieren nicht zu überhören. *Denn wir wissen, dass die ganze Schöpfung bis jetzt mit uns seufzt und sich ängstet.* (Röm 8,22) Paulus hofft, dass das Klagen irgendwann im Jubel endet. Nicht nur Menschen, sondern auch Pflanzen und die Tiere sollen in den Himmel kommen. Allerdings: „Wir müssen darauf warten", ist sich Paulus sicher. *Denn wir sind zwar gerettet, doch auf Hoffnung.* (Röm 8,24) Wie das aussieht, wenn sich die Schöpfung ausgeseufzt hat, verrät der Briefschreiber nicht. Der Leser darf es sich selbst ausmalen. Bienen, Wespen, Fliegen hämmern dann womöglich lustig an das Himmelsfenster. Das tut keinem weh, sondern ist Musik. Blumen klettern über Lärmschutzwände und wagen sich auf den Asphalt von Autobahnen. Dort kitzeln sie die Autoreifen. Mit Vampirslust saugt eine Mücke Menschenblut, ihr Stich fühlt sich an wie leichtes Streicheln. Meeresvögel entfernen mit ihrem Schnabel ausgelaufenes Tanker-Öl von ihrem Gefieder. Das schmeckt wie Kakao für Vögel, den sie jetzt auf Schiffe spucken. Die sehen aus wie begossene Pudel. Die Stollen von Fußballspielern schleudern beim Zweikampf Rasenstücke in die Stadionluft. Es ertönt der Pfiff Gottes. Nicht der Platzwart in der Pause, sondern die Fußball-Künstler testen ihre Fingerfertigkeit. Sie fügen die ausgerissenen Stücke wieder in den Rasen. Auf den Rängen haben Menschen, Tiere und die Pflanzen jeden Abstiegsfrust vergessen. Das Seufzen ist vorbei: „Nie mehr zweite Liga!“, jubiliert die Schöpfung: „Auferstehung ist für alle da!“

FRAGE 095

Darf man sich beim Abendmahl betrinken?
Arme und Reiche in der Gemeinde (1Korinther 11)

Bereits vor der gemeinsamen Abendmahlsfeier wurde in der Gemeinde von Korinth gegessen und getrunken. Dabei kam es zu wettkampfartigen Szenen. Die einen hatten wenig, aßen Brot nur ohne Butter. Ihr Essen war im billigsten Supermarkt der Stadt gekauft, sie kamen nur selten pünktlich. Andere waren, weil sie gut verdienten und andere für sich arbeiten ließen, immer zur Stelle. Sie tranken den besten Wein – und davon nicht nur ein Gläschen. Es kam zu Streitereien. Die Gemeinde bat den Abendmahlsexperten Paulus um Hilfe. In seinem Antwortschreiben stellte der verärgert fest: *Ein jeder nimmt beim Essen sein eigenes Mahl vorweg, und der eine ist hungrig, der andere ist betrunken.* Paulus fragt: *Habt ihr denn nicht Häuser, wo ihr essen und trinken könnt? Oder verachtet ihr die Gemeinde Gottes und beschämt die, die nichts haben? Was soll ich euch sagen? Soll ich euch loben? Hierin lobe ich euch nicht.* (1Kor 11,21.22) Paulus fordert nicht: Umarmt euch und legt eine gemeinsame Kasse an. Er ist Realist genug. Eine Gemeinschaft, in der unaufhörlich Gerechtigkeit herrscht, ist nicht mal so eben herstellbar. Zumindest einmal aber haben die Unterschiede in den Hintergrund zu treten – beim Abendmahl. Es soll an einem Tisch gefeiert werden. Und nur der Anfang zählt, der gemeinsam geschieht. *Darum, meine lieben Brüder, wenn ihr zusammenkommt, um zu essen, so wartet aufeinander.* (1Kor 11,33) Die Reichen sollen ihren Reichtum zu Hause ausleben. Gegen guten Wein und Ausgelassenheit hat Paulus prinzipiell nichts einzuwenden. Nur soll nicht getrunken werden, um betrunken auf andere herabzusehen.

Soll man singen, auch wenn man nicht gut singen kann?
Das Bild vom Leib Christi (1Korinther 12)

Konflikte in der Gemeinde von Korinth waren an der Tagesordnung. Einmal ging es darum, wer der Beste sei. Man fragte den um seine Meinung, der die Gemeinde gegründet hatte. Paulus antwortete: Das mit der Wichtigkeit ist wie bei einem Körper: Obwohl er aus vielen Gliedern besteht, ist er doch ein Leib, er lässt sich nicht zerfleddern: *Wenn der ganze Leib Auge wäre, wo bliebe das Gehör? Wenn er ganz Gehör wäre, wo bliebe der Geruch? Das Auge kann nicht sagen zu der Hand: Ich brauche dich nicht; oder auch das Haupt zu den Füßen: Ich brauche euch nicht. Vielmehr sind die Glieder des Leibes, die uns die schwächsten zu sein scheinen, die nötigsten; und die uns am wenigsten ehrbar zu sein scheinen, die umkleiden wir mit besonderer Ehre.* (1Kor 12,17.21-23)

Paulus spricht vom Körper auf symbolische Weise, um die Schwächsten der Gemeinde in den Mittelpunkt zu rücken, was provozierend ist. Doch das Bild vom Körper kann auch auf ganz direkte Weise verstanden werden. Denn harmonisch geht es auch im Körper eines jeden Einzelnen nicht immer zu. Bereits im Kindergarten werden die schwächeren Körperglieder in den Hintergrund gerückt, wie selbstverständlich wird nach den stärksten Fähigkeiten geschaut. Auch später lautet die Frage fast immer: Was hilft der Gesellschaft am meisten? Wenn ich nicht schnell laufen kann, soll ich Bälle werfen, selbst wenn ich lieber laufen wollte. Wenn ich nur mühsam reden kann, soll ich lieber basteln. Wenn ich nicht immer richtig rechne, soll ich eben liebevoll mit Puppen reden.

Das Bild vom Körper sagt dagegen: Sei freundlich gerade zu dem, was die Gesellschaft nicht als deine Stärke anerkennt. Erfolge, die anderen lächerlich erscheinen mögen, sind die schönsten. Wenn du nicht lange zuhören kannst, dann ehre dein Gehör. Du brauchst dich nicht zu überfordern, versuche es mit einer Vogelstimme, der du lauschst. Wähnst du dich ungeschickt, dann klopfe Nägel in die Wand, wenn niemand zuschaut und meckern kann. Gelingt ein Kuchen nicht, dann probiere es mit Plätzchen. Singe in der Badewanne, wenn die Leute von ihren phantastischen Chören schwärmen. Wenn du ständig Reden hältst, dann tanze. Wenn du immer tanzen sollst, dann rede dich in Rage.

FRAGE 097

Wie kann man sich den Himmel vorstellen?
Das Puzzle wird vollendet (1Korinther 13)

Sich verausgaben bis zur Erschöpfung – und dann: endlich wieder atmen dürfen. Das ist für mich ein Teil des Puzzles. Oder: wenn sich die Verkrampfung löst und ich wieder lachen kann. Ein anderes Teil des Puzzles: wenn ein Kuchen aufgeht und sein Duft langsam aus den Ritzen des Ofens strömt. Ich krame weiter in dem Haufen bunter Puzzleteile. Da ist eines, das sich warm anfühlt. Ich spüre: Leichter Wind fächelt meine Haut: Das ist ein federleichter Sommer, der nicht drücken will. Auch dieses Stück lege ich sorgfältig an das Bild, auf das ich hoffe. Und ich krame weiter. Plötzlich erschrecke ich über ein Teilchen: Ich habe große Angst und frage: Soll ich mich fallen lassen? Ich wage es, ich springe und lande nicht im Nichts. Wunderbar.

Ich bin Sammler: Stück für Stück arbeite ich an einem Bild. Nicht immer finde ich Passendes. Oft warte ich vergeblich. Und doch: Nach und nach bildet sich ein Mosaik, das ich im Ganzen jedoch nur ahnen kann. Stückwerk ist es – und zwischen den Teilen gibt es viele Lücken. Da sind Fragen, Stiche, Schläge oder Hiebe. Ich fühle, wie etwas mein Herz zerbeißt. Und ich könnte schreien – vor Wut, vor Schmerz und dann leise nur noch wimmern. Die bunten Teile aber bleiben – und die Ahnung, die sich aus dem Puzzlebild heraus entfaltet. Es ist eine Sehnsucht, die ich nie verlieren will. Sie erzählt von dem, was manche Himmel nennen. Paulus sagt dazu: *Wir sehen jetzt durch einen Spiegel ein dunkles Bild; dann aber von Angesicht zu Angesicht. Jetzt erkenne ich stückweise; dann aber werde ich erkennen, wie ich erkannt bin.* (1Kor 13,12) Es werden sich die Puzzleteile für die Lücken finden, das Bild wird ganz. Denn wenn *kommen wird das Vollkommene, so wird das Stückwerk aufhören.* (1Kor 13,10)

FRAGE 098

Kann man ein großes Leben führen, ohne dabei anzugeben?
Gottes Kraft, die in den Schwachen mächtig ist (2Korinther 11 + 12)

Fast auf jedem Empfang und jeder Party entbrennt der Wettbewerb: Wer hat die besten, rasantesten und abenteuerlichsten Reisen aufzubieten? Noch wichtiger: Wer kann am besten und vor allem lange über sie berichten? Irgendwann machen meine Ohren schlapp. Ich ziehe es dann vor, mit dem Getränk in meiner Hand zu sprechen. Manchmal würde ich am liebsten rufen: „Schluss! Was ich jetzt erzähle, hat noch nie jemand erlebt!“ Ähnlich könnte es Paulus ergangen sein. Ständig erzählten ihm andere, wo sie überall gewesen seien. Paulus hielt das nicht mehr aus: „Ich gebe zwar nicht an, doch wenn ihr es unbedingt wollt, dann tue ich es doch.“ Entsprechend schreibt Paulus in einem seiner Briefe von einer unglaublichen Reise. Er spricht dabei von sich, dem Reisenden, in der dritten Person – ein ungewöhnliches Erlebnis benötigt eben einen besonderen Stil: *Ich kenne einen Menschen in Christus; vor 14 Jahren – ist er im Leib gewesen? ich weiß es nicht; oder ist er außer dem Leib gewesen? ich weiß es auch nicht; Gott weiß es –, da wurde derselbe entrückt bis in den dritten Himmel. Und ich kenne denselben Menschen – ob er im Leib oder außer dem Leib gewesen ist, weiß ich nicht; Gott weiß es –, der wurde entrückt in das Paradies und hörte unaussprechliche Worte, die kein Mensch sagen kann.* (2Kor 12,2-4)

Er habe, berichtet Paulus außerdem, nicht nur Reisen in paradiesische Gefilde unternommen. *Ich bin dreimal mit Stöcken geschlagen, einmal gesteinigt worden; dreimal habe ich Schiffbruch erlitten, einen Tag und eine Nacht trieb ich auf dem tiefen Meer.* (2Kor 11,25) Fast die ganze Welt hat er gesehen und sich dabei als Überlebenskünstler erwiesen. *Ich bin oft gereist, ich bin in Gefahr gewesen durch Flüsse, in Gefahr unter Räubern, in Gefahr unter Juden, in Gefahr unter Heiden, in Gefahr in Städten, in Gefahr in Wüsten, in Gefahr auf dem Meer, in Gefahr unter falschen Brüdern; in Mühe und Arbeit, in viel Wachen, in Hunger und Durst, in viel Fasten, in Frost und Blöße.* (2Kor 11,26.27) Abenteuer in aller Welt hat Paulus erlebt. Nur warum wollte er davon normalerweise nichts erzählen? Wahrscheinlich, weil er sich als Diener Jesu fühlte. Jesus kam von Galiläa gerade mal bis Jerusalem – das war nicht besonders weit. Er reiste meist zu Fuß und gestorben war er in Schande. Wer dem Schwächling Jesus anhängt, braucht nicht anzugeben, war Paulus überzeugt. Man kann ein starkes Leben führen auch ohne jedes Prahlen. *Darum will ich mich am allerliebsten rühmen meiner Schwachheit, damit die Kraft Christi bei mir wohne.* (2Kor 12,9)

Lässt sich das Leben in den Griff bekommen?
Das ergreifende Ziel des Paulus (Philipper 3)

„Du musst dein Leben in den Griff bekommen!" So lautet ein beliebter Tipp von Hobbypsychologen. Vielleicht schütteln deshalb manche Menschen unablässig Hände. Andere ballen ihre Hände zu Fäusten – als Zeichen für den Erfolg, den sie errungen haben. Auch Sportgeschäfte wollen helfen, das Leben fest gepackt in Händen zu halten. Sie bieten mit Griffen versehene Federn an, auf dass die Fingermuskeln kraftvoll werden. So wird das Leben nie mehr aus der Hand entwischen.

Der Apostel Paulus hätte dieses Fitness-Produkt wahrscheinlich nicht gekauft. Zupacken wollte er schon. Unbescheiden wie er war, sehnte er sich aber gleich danach, nicht weniger als die Vollkommenheit in Händen zu halten. Davon schreibt er in einem Brief an die Christen in Philippi. Er saß hinter Gittern – er hatte sein Leben wieder einmal nicht recht auf die Reihe gebracht. Und auch körperlich betrachtet konnte der chronisch kranke Paulus den Ansprüchen vieler Gesundheitsapostel kaum genügen. Er galt zwar als Promi, doch in den Fotostorys der Krankenkassenbroschüren tauchte er nicht auf. Sie erzählen, wie man dank Vorsorge, Gemüse und Obst jeder Krankheit davon radeln, rennen oder schwimmen kann. Perfekt, rund, gesund – so sah das Leben des Paulus bei irdischem Licht betrachtet nicht aus. Er wollte mehr. *Unser Bürgerrecht aber ist im Himmel.* (Phil 3,20) Ein Gefangener hoffte auf das Entscheidende, das erst noch kommen sollte. *Nicht, dass ich's schon ergriffen habe oder schon vollkommen sei.* Freimütig sagte Paulus, sein Leben nicht im Griff zu haben. Er hielt stattdessen seine Hände mutig offen, um nach jenem Leben zu fassen, das schöner sei als alles Bisherige. Eines kommenden Jubeltages will er packen und berühren, was ihn schon lange rührt. *Ich jage ihm aber nach, ob ich's wohl ergreifen könnte, weil ich von Christus Jesus ergriffen bin.* (Phil 3,12)

Warum wird der neue Himmel eine Hütte sein?
Das Ende aller Schmerzen (Offenbarung 21)

Wenn sich der Vorhang senkt, was wird dann sein? Trudelt die Erde langsam aus oder rast sie wie ein Luftballon, der seine Luft verliert, davon? Verwandelt sich die Erde in den Himmel? Und wenn ja, wie wird das sein: luftig, samtig und ohne jede Krankheit? Oder kalt und klinisch rein? Wird der Himmel ein Palast mit hohen Hallen sein und großem Hall? Und Gott: Wird er thronen, in sich ruhen oder eher Feuer sein? Kann ich am Schluss sagen: Das ist ein guter Schluss? Oder muss ich noch einmal von vorn beginnen?

Wie Johannes, der Seher, das Ende sieht, steht in der Bibel ganz am Ende. Es ist ein apokalyptischer Schrecken, untermalt von Donnergrollen. Das sind Bilder, die auf keine Leinwand passen, ein Format, das sich immer wieder ändert. Und nicht nur von Gott ist da die Rede, sondern auch vom Teufel, der Gott energisch widersteht. Es ist ein Kämpfen beinahe ohne Ende. Schreckenstiere zischen, gruselige Wesen tauchen aus den Fluten auf, Blut fließt und es fallen zentnerschwere Hagelkörner, seitenlang gibt es Geschrei und Angst: Bilder voller Fremdheit, Tiefe, Gefahr und Größe – und ganz am Schluss der Schilderungen vom Ende wird erzählt: Paläste wird es geben, Smaragde, Edelstein und Glanz – das ist der Himmel, aber noch nicht der, der tröstet. *Und ich hörte eine große Stimme von dem Thron her, die sprach: Siehe da, die Hütte Gottes bei den Menschen! Und er wird bei ihnen wohnen, und sie werden sein Volk sein, und er selbst, Gott mit ihnen, wird ihr Gott sein.* (Offb 21,3) Nach dem Schrecken, zwischen der Pracht himmlischer Paläste lockt dieses irdische Bild ins Vertraute. Im großen Glanz leuchtet etwas Kleines auf, das keine Angst einflößt. Wenn sich die Erde ausgetobt hat, wird die Tür sich öffnen. Dann warten keine Treppen, die endlos sind. Die Himmelsstadt ist auch eine Hütte, die ebenerdig liegt, ein Ort vielleicht wie eine Laube. Sie ist irdisch, doch die Freude reicht viel weiter. Denn dann wird Gott *abwischen alle Tränen von ihren Augen, und der Tod wird nicht mehr sein, noch Leid noch Geschrei noch Schmerz wird mehr sein; denn das Erste ist vergangen.* (Offb 21,4)

Inhalt

Stichwort- und Themenverzeichnis
(die Angaben beziehen sich auf die Nummer der Frage)

Altes Testament

1Mose = 1. Buch Mose
2Mose = 2. Mose
3Mose = 3. Mose
4Mose = 4. Mose
5Mose = 5. Mose
Jos = Josua
Ri = Richter
1Sam = 1. Samuel
2Sam = 2. Samuel
1Kön = 1. Könige
2Kön = 2. Könige
1Chr = 1. Chronik
2Chr = 2. Chronik
Esr = Esra
Neh = Nehemia
Est = Ester
Hiob = Hiob
Ps = Psalm
Spr = Sprüche
Pred = Prediger
Hhld = Hoheslied
Jes = Jesaja
Jer = Jeremia
Klgl = Klagelieder
Hes = Hesekiel
Dan = Daniel
Hos = Hosea
Joel = Joel
Am = Amos
Obd = Obadja
Jona = Jona
Mi = Micha
Nah = Nahum
Hab = Habakuk
Zef = Zefanja
Hag = Haggai
Sach = Sacharja
Mal = Maleachi

Neues Testament

Mt = Matthäus
Mk = Markus
Lk = Lukas
Joh = Johannes
Apg = Apostelgeschichte
Röm = Römer
1Kor = 1. Korinther
2Kor = 2. Korinther
Gal = Galater
Eph = Epheser
Phil = Philipper
Kol = Kolosser
1Thess = 1. Thessalonicher
2Thess = 2. Thessalonicher
1Tim = 1. Timotheus
2Tim = 2. Timotheus
Tit = Titus
Phlm = Philemon
1Petr = 1. Petrus
2Petr = 2. Petrus
1Joh = 1. Johannes
2Joh = 2. Johannes
3Joh = 3. Johannes
Hebr = Hebräer
Jak = Jakobus
Jud = Judas
Offb = Offenbarung

Über den Autor

Georg Magirius, Jahrgang 1968, hat evangelische Theologie in Marburg, Münster und Heidelberg studiert, danach predigte er zwei Jahre lang in Dorfkirchen im Vogelsberg. Seit 2000 arbeitet er als Hörfunkjournalist für mehrere ARD-Sender und ist Schriftsteller. Er hat zahlreiche Bücher veröffentlicht, in denen er biblische Texte auf überraschende und unterhaltsame Weise mit gegenwärtigen Alltagsszenen verknüpft. Georg Magirius lebt in Frankfurt am Main und am Fuße des Spessarts.

www.georgmagirius.de